Romano Guardini
Vom Leben des Glaubens

**topos** taschenbücher, Band 684

Romano Guardini

# Vom Leben des Glaubens

**topos** taschenbücher

**Verlagsgemeinschaft topos plus**
Butzon & Bercker, Kevelaer
Don Bosco, München
Echter, Würzburg
Lahn-Verlag, Kevelaer
Matthias-Grünewald-Verlag, Ostfildern
Paulusverlag, Freiburg (Schweiz)
Friedrich Pustet, Regensburg
Tyrolia, Innsbruck

Bibliografische Information der Deutschen Nationalbibliothek
Die Deutsche Nationalbibliothek verzeichnet diese Publikation in der
Deutschen Nationalbibliografie; detaillierte bibliografische Daten
sind im Internet über http: // dnb.d-nb.de abrufbar.


2009 Verlagsgemeinschaft **topos** plus, Kevelaer
3. Taschenbuchauflage (Vom Leben des Glaubens: unveränderter Nach-
druck der 5. Auflage, Mainz: Matthias-Grünewald-Verlag, 1963;
1. Auflage 1935)
Das © und die inhaltliche Verantwortung liegen beim
Matthias-Grünewald-Verlag, Ostfildern
Alle Autorenrechte liegen bei der Katholischen Akademie in Bayern.

Einband- und Reihengestaltung ∣ Finken & Bumiller, Stuttgart
Umschlagabbildung ∣ www.photocase.com/daudiarndt
Herstellung ∣ Pustet, Regensburg
Printed in Germany

Topos ISBN: 978-3-8367-0684-1

www.toposplus.de

*Dem Andenken von*
*Prof. Dr. Karl Braig*

# INHALT

## VORBEMERKUNG

In den Evangelien begegnet uns immer wieder folgender Vorgang:

Da tritt Einer her, und durch die Gewalt seines Wesens, durch sein Tun voll Macht, durch sein Wort, in welchem der Geist wirkt, sagt Er: „Ich bin es!" .. „Ich bin der Weg, die Wahrheit und das Leben!" .. „Kommt alle zu mir!" .. „Wer an mich glaubt, wird das ewige Leben haben!" Die Menschen merken auf. Sie kommen, lauschen, staunen, erhoffen sich Hilfe und Heil für Leib und Seele und finden sie auch, verstehen Ihn aber nicht, und gehen wieder fort. Manche bleiben ganz bei Ihm und „folgen Ihm nach, wohin Er sich wendet". Sie suchen mit ihrem Innern dorthin zu gelangen, wo Er steht, es gelingt ihnen aber nicht. Seine Worte machen Eindruck auf sie, werden aber nicht begriffen. Er lebt vor ihren Augen, seine Werke geschehen um sie her, aber alles bleibt im Letzten unverstanden.

Johannes berichtet von einem geheimnisvollen Vorfall, der wie ein Gleichnis dieses Zustandes ist: Die Jünger sind auf dem See; der Sturm tobt; auf einmal kommt der Herr über die Wogen her. Sie schreien vor Schrecken auf, Er aber beruhigt sie: „Ich bin es!" Da ruft Petrus: „Herr, wenn Du es bist, heiß mich zu Dir kommen auf das Wasser!" — und Jesus antwortet: „Komm!" Petrus

steigt aus, Blick und Sinn drüben im rufenden
Herrn, setzt den Fuß auf das Wasser, und es trägt.
Dann aber fühlt er den Sturm, läßt los — und
schon sinkt er, so daß Christus ihn retten muß:
„Schwachgläubiger, warum hast du den Zweifel
eingelassen?" Solange der Herr auf Erden lebt, geht
es immer wieder so. Er ruft, die Menschen drängen
her, aber es trägt sie nicht zu Ihm herüber.

Bis dann das Ereignis der Pfingsten kommt, und
der Heilige Geist in die Menschengeschichte eintritt, sie zum Herrn zu führen. Er macht, daß der
Mensch wirklich zu Christus hingelangt; mehr, daß
er in Christus hineingelangt, und Christus in ihn
— und nun wird erst das, was „Glaube" heißt:
Christliches Dasein: „der Gerechte lebt aus dem
Glauben"; Überwindung der früheren Existenz:
„der Sieg, der die Welt bezwingt"; Fülle ewigen
Lebens, zugleich von allen Kämpfen und Spannungen der Erde durchwirkt: die werdende „Herrlichkeit der Kinder Gottes", die in Hoffnung her-
anreifende „Neue Schöpfung", wie Paulus sie in
seinen Briefen schildert.

Von diesem Glauben wollen wir hier sprechen.
Aber nicht so sehr von seinem Geheimnis aus Gott,
als vielmehr von dem, was wir selbst in uns oder
in anderen erfahren können. An sich ist der Glaube ein Geheimnis und muß selbst geglaubt werden.
Eine natürliche Theorie des Glaubens, durch welche
er aus Welt- und Menschenwesen abgeleitet werden
könnte, gibt es nicht, denn er entspringt aus Got-

tes schöpferischer Gnade. So kann der Glaube, richtiger der im Glauben existierende Christ sich selbst nur aus Gottes Offenbarung heraus verstehen: Der Glaubende kann sich selbst nur im Glauben verstehen — soweit sich sein Blick nicht im Geheimnis verliert. Von diesem Geheimnis des Glaubens wollen wir aber hier nicht reden, sondern davon, wie wir darin uns selbst vorfinden; was wir darin an uns selbst und an anderen beobachten können. Von seiner — nicht „natürlichen"; denn auch hierin ist bereits Natur und Gnade unscheidbar verwoben — sondern erfahrbaren Seite. Freilich so, daß jenes Eigentliche, das Geheimnis, immer durchblickt.

# DIE ENTSTEHUNG DES GLAUBENS

Wie geht es zu, wenn der Glaube entsteht?

In allgemeingültiger Weise kann man das nicht sagen. Es gibt so viele Weisen des Gläubigwerdens, als es Menschen gibt. So wollen wir einige Hilfslinien zeichnen, um uns in der Mannigfaltigkeit zurechtzufinden.

Beginnen wir mit dem Menschen, der vom Lebendigen Gott, wie er in Christus gesprochen hat, noch nicht weiß; der in den unmittelbaren Zusammenhängen der Wirklichkeit lebt: in den Gegenständen der inneren und äußeren Erfahrung; in den Aufgaben des Berufes; im Kampf um die notwendigen und begehrenswerten Dinge; in den Begegnungen mit den anderen Menschen.

Sein Leben ist darin ganz aufgegangen. Die Welt ist ihm darin voll und beschlossen gewesen, und er hat kein Bedürfnis nach Anderem empfunden. Vielleicht hat er gefühlt, daß es etwas Heiliges und Geheimnisvolles gibt, hat es aber, sie durchwirkend und weihend, in der unmittelbaren Welt selbst gesehen.

Oder er hat sich mit Fragen gemüht; das Dasein ist ihm rätselhaft gewesen und hat ihn mit dem „Warum" und „Wohin" gequält. Allein er hat die Antwort im Gefüge der Welt selbst gesucht, in ihrer Tiefe, in ihrer Höhe — oder wie immer wir die Richtung eines Suchens bezeichnen wollen, das sich vom Nächstliegenden ins Ferne und schwer Zugängliche vorarbeitet.

Er hat wohl gewußt, daß in der Geschichte ein Jesus von Nazareth steht; daß Er großen Einfluß gehabt hat, und noch heute Menschen durch Ihn religiös bestimmt werden — es ist ihm aber nicht wichtig geworden.

Was von Gott kommt, kommt meist in der Form des Beginnens. Gottes Wirken stellt keine fertigen Ergebnisse hin, sondern es rührt ein lebendiges Organ an, löst eine Bewegung aus, sät einen Samen ein. Vielleicht scheint alles wieder zu versinken und wirkt im Verborgenen weiter. Vielleicht taucht es an anderer Stelle und in anderer Form wieder auf; gibt etwa einem bereits bestehenden sittlichen Konflikt neue Dringlichkeit; wirft in eine philosophische Fragestellung neues Gewicht; macht die Beziehung zu einem Menschen ernster, reiner, verantwortungsvoller.

Das Neue wird erst verwundert angesehen; als fremd empfunden und beiseite geschoben. Es kommt aber wieder, stärker, tiefer anrührend, innerlicher beunruhigend.

Vielleicht beginnt eine Auseinandersetzung intellektueller Art: Ist das so? Ist das möglich? Ist das richtig überliefert? Wie verträgt sich das mit den Grundlagen des geistigen, wissenschaftlichen Bewußtseins? Mit den Überzeugungen meines Lebenskreises? Mit den Anschauungen der Zeit? Das Fragen und Erörtern geht hin und her; durch es hindurch aber vollzieht sich etwas Anderes: Die Wirklichkeit Dessen, was da herspricht, verdichtet sich. Seine Bedeutung wird mächtiger. Seine Forderung wird dringlicher. Im Letzten ist die Arbeit des Verstandes ein Kampf gegen oder um dieses Wirklich-Werden. Denn die Begriffe bedeuten mehr, als was sie unmittelbar sagen; die intellektuellen Stellungnahmen sind Deckvorgänge für Tieferes, unter ihnen sich Vollziehendes ... Oder die Auseinandersetzung ist ethischer Art: Ein Kampf des bereits geformten Gewissens und der bestehenden sittlichen Gewohnheiten mit dem neuen Ethos, das da herüberspricht; ein Sich-Schützen gegen das Unverständliche, Seltsame da, das doch als Anspruch empfunden wird; eine Gegenwehr gegen Forderungen, welche Wagnis, Zucht, Entsagung zumuten, und die das Innerste eigentümlich beunruhigen ... Oder das Lebensgefühl ist's, das in die Auseinandersetzung gerät: Die innere Haltung des seither geführten Lebens; die für richtig angesehene und geübte Gewohnheit; die ganze Gestalt des Daseins ... Oder die sozialen Bindungen, die Grundanschauungen des Standes, die Überlieferungen der Familie und Gesellschaftsgruppe ... Oder wie immer wir das ausdrücken wollen, daß da ein Menschendasein ist, als Anlage empfangen, von der Erziehung geformt, durch eigenes Tun bestimmt, mit seiner besonderen Gestalt, Haltung und Sinngebung — und ihm nun etwas Neues entgegentritt; den Anspruch erhebt, maßgebend zu sein, und ein Kampf dieser bis jetzt in sich selbst stehenden Welt um Eigenständigkeit oder Hingabe beginnt.

Diese Auseinandersetzung kann sehr verschiedene

Formen annehmen. Bald ist's Abwehr; bald Angriff. Eine Stellungnahme scheint fest und zergeht wieder. Eine Frage war abgeschlossen und steht nach einiger Zeit neu da. Eine Klarheit arbeitet sich heraus; wird wieder überdeckt; zeigt sich neu. Zeiten innerster Beteiligung wechseln mit solchen der Gleichgültigkeit. Manchmal versteht derselbe Mensch nicht mehr, wie er, der heute den religiösen Dingen so kalt, ja widerwillig gegenübersteht, vor Tagen noch so ergriffen sein konnte ... Durch das alles hindurch aber und im Laufe vielleicht langer Zeit geschieht das Eigentliche: Daß Gott wirklich wird. Daß Christus wirklich wird. Und wirklich die Kirche als Stiftung seines Willens, und als Weise, wie Er in der Geschichte handelt und schafft.

Der Mensch fühlt den Antrieb, hinüberzugehen. Erst mißlingt es. Er gleitet ab. Er wird enttäuscht durch das Menschliche, das er drüben findet; durch Unzulänglichkeiten der kulturellen Gestalt; durch Enge der geistigen Haltung. Er fühlt sich durch Fremdartiges oder Widerwärtiges abgeschreckt — bis einmal doch die Entscheidung reift, und er den Schritt zu der rufenden Wirklichkeit hin tut. Und nicht nur in unverbindlicher Weise, so daß er ihn durch andere Erfahrungen wieder zurücknehmen kann, sondern endgültig; als Entscheidung. Im Dazustehen der Person; in der Selbstbindung der Treue; in der Knüpfung der eigensten inneren Wirklichkeit an jene drüben. Sich ausdrückend im Bekenntnis, und sich vollendend in der Handlung der Taufe, durch welche der Hinzutretende in das Geheimnis des neuschaffenden Gottes aufgenommen wird; in die „Wiedergeburt aus dem Wasser und dem Heiligen Geiste".

Nun liegt in ihm ein Keim neuen Lebens. Er steht auf einem Standort neuen Daseins. Er trägt eine neue nach Verwirklichung drängende Wesensgestalt in sich, und das Leben des Glaubens mit seinen Aufgaben beginnt.

Es kann aber auch sein, daß der Mensch, von dem wir sprechen, im Glauben aufgewachsen ist. Seine Eltern sind gläubig gewesen; seine Erzieher auch. Seine Umgebung war durch den Geist der christlichen Überlieferung bestimmt, und die Gestalten der heiligen Geschichte haben überall in ihr gestanden. So ist seine Kindheit in der schützenden Atmosphäre einer christlich geprägten Welt dahingegangen. Die Dinge, die ihm begegneten, waren vom Glauben her gedeutet; die Ereignisse des Daseins von dorther gewertet. Er war durch die Überzeugung geliebter und verehrter Menschen getragen und vollzog ihren Glauben mit.

Dann verging die Kindheit. Ihre schützende Hülle löste sich auf. Die Dinge traten aus ihnen selbst her, der gläubigen Deutung fremd, oft ihr widersprechend. Er begegnete Menschen von anderem Glauben oder auch ohne irgendeine religiöse Überzeugung, und sah sie gesund, lebensstark, schaffenskräftig; oft ehrenwert und charaktervoll; manchmal vielleicht edler gewachsen, freier und mutiger gesinnt, als er sie im Bereich der Kirche gefunden hatte. Er sah, wie oft die großen Werke der Kultur aus ganz anderem Geiste erstanden waren, dem christlichen fern, ja feindlich, und doch in ihrer Kraft und Fülle nicht anzuzweifeln. Das öffentliche Leben, das allgemeine menschliche Dasein entfaltet sich um ihn her; er sah seine Fülle und Weite, erfuhr seine herrliche und furchtbare Gewalt, empfing seine Aufgaben und wurde in seine Kämpfe gerissen. Immer deutlicher wurde ihm, wie wenig davon aus dem Christlichen bestimmt war. Die Welt enthüllte sich weithin als Christus fremd; das Weltall schien Ihm gegenüber gleichgültig. Das Christliche, gar die Kirche, wie sie ihm täglich begegnete, kam ihm in diesem ungeheuren All wie eine schwächliche und veraltete Sonderbarkeit vor. Da war es mit dem Glauben zu Ende. Er wurde mit Schmerzen um der Freiheit willen abgeschüttelt. Oder er zerrann, und eines Tages war nichts mehr da.

Dann aber, nach einer vielleicht langen Zeit, kam die Wiederbegegnung. Die kann in verschiedenster Form vor sich gegangen sein; alles, was oben in jenem ersten Zusammenhang angedeutet wurde, kann sich hier wiederholen. Nur daß jene Auseinandersetzung, jenes Gefördertsein und Widerstreben, Berührtwerden und Ausweichen einen anderen Charakter bekommt, weil ja alles bereits einmal besessen war, wenigstens besessen schien; weil mit Allem Erinnerungen verbunden sind, vom Zauber der Kindheit erfüllte Erfahrungen, drückende Erlebnisse, schlimme Enttäuschungen, vielleicht auch Schuld. Aus alledem heraus vollzieht sich aber wieder das Entscheidende: Die Wirklichkeitsverdichtung Gottes; das Wesenhaftwerden Christi; die Sinndurchleuchtung der Kirche — bis der Schritt der neuen Glaubensknüpfung geschieht.

Auf diesem aber sowohl wie auf jenem Wege besteht eine nicht festzulegende Verschiedenheit darin, welche christliche Wirklichkeit zuerst oder als die wichtigste erfahren wird. Vielleicht ist es Christus. Dann stößt der Suchende zuerst auf Ihn; erfährt Ihn als das Eigentliche, Mächtige, Herrliche; findet von Ihm aus den Vater; empfängt durch Ihn die Kirche... Oder die Kirche wird zuerst erfaßt mit der Wucht ihres Stehens, der Kraft ihres Tragens und der Fülle ihrer Sinngehalte, sie aber weist hinter sich auf Christus zurück.. Oder der Lebendige Gott steht vor allem in Bewußtsein, und allmählich wird klar, daß Wahrheit und Heiligkeit nur aus dem Munde Christi rein vernommen werden können, Christus aber wiederum nur in der Kirche mit unversehrter Freiheit redet.

Hier gibt es keine vorgeschriebenen Wege. Gott führt den Menschen, wie Er will. Darin aber, wie der Einzelne geartet ist; welche psychologischen Charakterzüge und geistigen Werte in ihm vorherrschen; in welcher Zeit und Umwelt er lebt, und welche Einflüsse er durch sie erfährt — in alledem liegt schon die Führung des vorsehenden Gottes.

Es kann aber auch sein — und eine richtige, auf die Mündigwerdung im Glauben angelegte christliche Erziehung müßte das erreichen — daß es nicht zum Bruch mit dem Glauben der Kindheit kommt. Dennoch bringt die Krisis des Erwachsens immer eines mit sich: daß der Glaube, der vorher aus dem einfachen Zusammenhang der Familie und im unmittelbaren Mitvollzug ihres Glaubens gelebt hatte, nun umgebaut werden muß.

Der erwachsende Mensch muß ihn auf eigene Verantwortung übernehmen. Nicht mehr die Mutter, der Vater, der Lehrer, der Freund, die Umgebung dürfen die eigentlich Verantwortenden sein, sondern er selbst. Er ist es, welcher Christus und der Kirche gegenübersteht und von ihrem Wort angerufen ist, in seinem Gewissen, worin er von niemand vertreten werden kann.

Diese Aneignung dessen, was zuerst nur empfangen wurde; dieses Treten in eigenen Stand; dieses Herübernehmen der Verantwortungslast von fremden Schultern auf die eigenen — das alles kann ebenfalls harte Kämpfe und alle Erfahrungen der Unsicherheit, des Zweifels, des Verlassenseins, des Ringens und Gewinnens, Fassens und Entgleitens mit sich bringen.

Noch einen letzten Weg zum Glaubendwerden gibt es, vielleicht den schwierigsten: wenn Einer wohl irgendwie gläubig, aber in einer religiös schlaffen Umgebung aufgewachsen ist; die Eltern nur äußerlich in religiöser Form und Überlieferung standen; Lehrer und Erzieher gleichgültig waren; das Christliche nur als geschichtliche Erscheinung nahmen, oder das, was sie bekannten, nicht lebten. Da hat der junge Mensch wohl die Worte in sich aufgenommen, aber ohne lebendigen Inhalt. Er hat die Gedanken gelernt, aber keine Kraft empfangen. Zeichen und heilige Gestalten haben in seiner Welt gestanden, aber schattenhaft und unwirklich.

Oder in seiner Umgebung sind einander widersprechende Anschauungen gewesen, so daß er sich früh an mehrere Möglichkeiten des Religiösen gewöhnt und nicht gelernt hat, was Entscheidung und Unbedingtheit ist. Vielleicht hat sogar der eine Standpunkt den anderen ins Unrecht gesetzt, und er ist gegen jede klar benennbare und entschieden bekennbare religiöse Wirklichkeit skeptisch geworden.

Um diesen Glauben, der oft nur ein Scheinglauben war, zu zerstören, hat es keiner besonderen Erschütterung bedurft. Er wurde irgend einer praktischen Zweckmäßigkeit oder persönlichen Rücksicht geopfert — oder er zerrann; war eines Tages nicht mehr da. Und was zurückblieb, war nicht Sehnsucht, oder innere Zerrissenheit, oder religiöses Schuldgefühl, oder das Bewußtsein, noch vor den eigentlichen Entscheidungen zu stehen, sondern Gleichgültigkeit und Skepsis.

Ein solcher Zustand ist wie verdorbener Boden,

auf dem schwer Neues wächst. Gedanken, Worte, Gestalten, Motive sind matt und leer geworden; das ist schlimmer als offene Ablehnung oder völliges Nichtkennen. Dieser Boden muß oft lange Zeit brach liegen, bevor er wieder für den lebendigen Keim der Glaubenswirklichkeit aufnahmefähig wird.

Hier muß man Geduld haben und vertrauen, daß Gott sein Geschöpf nicht aus der Hand läßt. Er, der geschaffen hat, vermag auch neu zu schaffen. Er hat die Macht, den neuen Anfang zu geben, auch wo er unmöglich scheint.

Es mag nun gehen, wie hier angedeutet, oder wie immer sonst — der Wege zum Glauben sind so viele, als es Menschen gibt. Jedenfalls ist das, was als ein Vordringen und Durchkämpfen des Menschen erscheint, in Wahrheit ein Gerufen- und Geführt-Werden durch Gott. Gott aber ruft jeden Menschen als den, der er ist, und auf seinem besonderen Weg.

Im Letzten bedeutet Gläubig-Werden immer das Gleiche: daß sich vor dem Menschen, der zuerst ganz im eigenen Sein und in der eigenen Welt steht, eine andere Wirklichkeit erhebt; vor ihm, oder in ihm, oder über ihm, oder wie man das ausdrücken mag. Eine andere Wirklichkeit; aus einer anderen Welt; von Oben; von Drüben. Diese Wirklichkeit, „das dort", erstarkt; gewinnt Macht, der Wahrheit, des Guten, der Heiligkeit — und fordert, der Angerufene solle sie anerkennen. Der Entschluß, im Raum des eigenen Daseins die drübenstehende fremde

Wirklichkeit freizugeben; die Selbstgenugsamkeit und Selbstherrlichkeit der eigenen Welt zu opfern, ist schwer. Er bedeutet eine Erschütterung und ein Wagnis. Christus hat gesagt: „Wer seine Seele behält, der wird sie verlieren; wer aber seine Seele hergibt, der wird sie finden." Dieses ist das erste Verlieren der Seele: eine zweite Mitte anzuerkennen; ja anzuerkennen, daß drüben die eigentliche Mitte ist.

Und nun beginnt der Kampf der „beiden Mitten". Lange bleibt es noch so, daß sie einander gegenüberstehen; daß die eine der anderen gleichsam den Lebensstoff wegzunehmen sucht, indem jede das Herz will, den Geist, die Kraft, das Blut an sich zieht. Der Fortgang des Glaubens bedeutet die Auseinandersetzung dieses Gegenüber: das wechselseitige Sich-Bedrohen, das Sich-Annähern und Entfernen, die Spannungen und Lösungen — bis allmählich die beiden Mitten ineinanderwachsen, und die christliche Existenz wird, die mit dem paulinischen Wort ausgedrückt werden kann: „Ich lebe, doch nicht ich, sondern Christus lebt in mir."

Freilich, die Möglichkeit der Spannung bleibt. Denn immer ist Gott der Heilige — ich aber bin Sünder. Immer ist Christus der „von Oben", vom Vater her Kommende, nie ins Menschliche Einzugleichende — ich aber bin Welt, die vom ersten Menschen her in Auflehnung steht. Dennoch wird eine wirkliche Einheit. Mensch ist nicht Gott, und Gott ist nie Mensch; dennoch liegt das Wesen der christlichen Existenz darin, daß der Mensch in Gott sei, und Gott im Menschen — dadurch, daß der Christ in Christus ist. Das ist eine Einheit, für deren Tiefe die nur natürliche Erfahrung keinen Begriff bereitstellt.

# DER GLAUBE UND SEIN INHALT

Im voraufgehenden Kapitel war davon die Rede,
wie der Glaube entsteht. Wie das lebendige Hinübergehen zu dem in Christus rufenden Gott; das
Standfassen in ihm; die Verbindung dessen, was von
Oben ist und was von Unten — wie das alles sich
vollzieht. Wir haben davon gesprochen, wie es beginnt; und verschieden beginnt, je nach der Art und
den Umständen des Menschen, um den es sich handelt. So war zuerst von dem Menschen die Rede,
der in späterem Leben zu Christus kommt; dann
von jenem, der in behüteter Gläubigkeit aufwächst
und allmählich in eigener Verantwortung den Glauben übernehmen muß; endlich von dem, der mit
verwischten religiösen Vorstellungen, mit entleerten
Glaubensbildern, in einer zerrissenen oder religiös
gleichgültigen Atmosphäre aufwächst und eine Er-
neuerung zu wirklicher Gläubigkeit vollziehen muß.

Wir haben gesehen, wie verschieden schon diese
Werdeformen sind; wie aber dann innerhalb ihrer
noch alle Mannigfaltigkeiten der Veranlagung und
des Schicksals zur Geltung kommen, und haben die
Einsicht in den Satz zusammengefaßt, es gebe so viele
Weisen, gläubig zu werden, als es Menschen gibt,
die Gott ruft.

Vom Inhalt des Glaubens war dabei noch nicht
viel die Rede. Nun aber drängt sich die Frage auf:
Kann man vom Glauben sprechen, ohne von dem
zu sprechen, woran geglaubt wird?

Man hat gesagt, es komme im Letzten nicht darauf an, woran Einer glaube, sondern, daß er glaube,

und auf den Ernst und die Kraft, mit der er es tue. Der personale Rang, die Energie, die Sammlung und Tiefe des Aktes seien die Hauptsache; der Inhalt bedeute im Grunde nicht mehr, als die Gelegenheit für jene innerste Entscheidung und die daraus kommende Gewißheit ... Oder aber man sagt, solcher Inhalte gebe es viele, je nach Zeiten und Völkern, je nach der Veranlagung und den besonderen Lebensumständen des Einzelnen. Was aber in alledem das Eigentliche ausmache, die religiöse Bestimmtheit, die lebendige Erfahrung eines Heilig-Letzten, die sei überall gleich.

Das Neue Testament denkt nicht so. Was es unter „Glauben" versteht, bedeutet kein allgemeines religiöses Verhalten, in welches die verschiedensten Inhalte eingehen könnten — so etwa, wie eine abstrakte Erkenntnis alle möglichen Gegenstände erfassen kann und immer „Erkenntnis" bleibt. Der Glaube, den das Christentum meint, ist einmalig und ausschließend. „Glaube" ist kein Oberbegriff, der auf viele Unterarten paßt: christlichen und mohammedanischen, antik-griechischen und buddhistischen, sondern der Name für etwas, das es nur einmal gibt: Die Antwort des Menschen an den in Christus kommenden Gott. Das scheint zuerst engherzig und unduldsam. Wenn wir aber klar genug blicken, dann sehen wir bald, daß schon rein natürlich genommen die angebliche Weite und Geistigkeit jener anderen, „duldsamen" Auffassung nichts anderes ist als Herzensschwäche und Leidenschaftslosigkeit des Geistes. Sagen wir doch einem Menschen, der einem anderen nicht nur Respekt und Wohlwollen, sondern Liebe bis ins Letzte, Leib und Seele und all das Seine geschenkt hat — sagen wir ihm doch einmal: „Liebe" ist ein allgemeines Verhalten, welches die verschiedensten Menschen zueinander haben können, Du und Dieser und jener Andere und Irgendwer sonst! Er würde uns wahrscheinlich verständnislos ansehen und uns stehen lassen. Denn was sollte er auf ein Wort antworten, das sein Innerstes so beleidigt? Spräche er aber doch, dann würde er sagen: „Meine Liebe ist doch kein Fall! Ich habe doch keine allgemeine Liebe, die zufällig auf mich und diesen Anderen da paßt! Meine Liebe ist zu Ihm, und mit Ihm steht und fällt sie. Das ist ihr Wagnis und ihre Kostbarkeit. Dieser Mensch da ist meine Liebe!" Ein solcher Mensch würde sofort verstehen, wenn man ihm sagte, daß der Glaube vom Inhalt nicht losgelöst werden kann.

Der Glaube ist sein Inhalt. Er wird durch das bestimmt, was er glaubt. Der Glaube ist die lebendige Bewegung auf Den hin, an den geglaubt wird. Er ist die lebendige Antwort auf den Ruf dessen, der in der Offenbarung hervortritt, und in der Gnade den Menschen heranzieht.

Wohin geht also der christliche Glaube? Zum Lebendigen Gott, der sich in Christus offenbart. Nicht zu „Gott" im Allgemeinen, unbestimmt erahnt, oder irgendwo im Dasein erfahren, sondern zu Ihm, „welcher ist der Gott und Vater Jesu Christi".

Wie aber ist dieser Gott?

Er liebt die Welt; Er hat sie erschaffen und um-
hütet sie; Er durchdringt sie, und Alles besteht in
Ihm — dennoch ist Er nicht sie, sondern steht, von
ihr unabhängig, in sich selbst . . . Der Mensch kommt
aus Gott; er lebt in Gott und ist nur wirklich, indem er Ihm zustrebt — dennoch ist er nicht Gott . . .
Gott spricht aus allem, was es gibt; alles Geschaffene verkündet seine Ehre — dennoch ist Er anders
als alles Geschaffene und steht im Geheimnis des
unzugänglichen Lichtes, Er, welcher der Er-selbst
ist . . . Gott ist nahe, ganz nahe überall; in uns ist Er,
und wir sind in Ihm — dennoch ist die Entfernung
des Menschen von Ihm, sobald er von sich selber
ausgeht, undurchmeßbar groß, „absolut" . . . Gott
ist unser Ursprung und der ewige Ort unseres Wesens; unsere Heimat und unser Ziel — dennoch
fremd; so fremd, daß unser Herz vor Ihm erschrickt.

Nicht einfach also, sondern voll von Gegensätzen
und Geheimnissen tritt Gottes Bild uns gegenüber.
Und wie Er ist, so ist auch unser Glauben an Ihn:
Vertrautes Zugehören und Überwindung einer
Fremdheit zugleich; Sehnsucht und Widerstreben;
Nähe und Ferne; Kennen und Unbekanntheit. Voll
von Gegensätzen ist der Glaube, voll von Wagnis,
nicht auf einen Begriff zu bringen. Er ist so, wie
Gott selbst uns ist. Erst im Maße das Bild Gottes
uns einfacher und eindeutiger wird, wird einfacher
und eindeutiger auch unser Glauben. Die werdende
Einfachheit des Gottesbildes — vorausgesetzt, daß

es echte Einfachheit ist: Einbegreifung der Fülle in lebendige Einheit — ist auch die werdende Einfachheit des Glaubens. Der Glaube der Gereiften, der Gott Entgegengewachsenen, der Heiligwerdenden ist ganz einfach. Aber das ist die Einfachheit des Lichtes, das in seiner Klarheit alle Fülle der Farben enthält; Ende, nicht Anfang.

Doch wir müssen schärfer zusehen. Dieser Lebendige Gott, der uns aus Christus, aus seinen Worten, seinem Verhalten, seinem Sein entgegentritt — wer ist Er?

Die Frage nach dem Wer ist die Frage nach dem Angesicht. Wenn ich einen Menschen anrufe, wendet er mir sein Angesicht zu. Im Herblicken, im Hermerken öffnet er sich mir entgegen. Dann tut sein Wer sich kund als sein Ich; zu mir hergewendet; mich, sein Du, anblickend und anredend. Wer also ist Gott? Was für ein Angesicht wendet sich her, wenn ich Ihn rufe? Oder, um es richtiger und ehrfürchtiger zu sagen: Was für ein Angesicht wendet sich her und macht, daß ich es rufen könne, indem es mich zuerst anruft?

Da zeigt sich etwas Geheimnisvolles. Wenn wir in die Worte lauschen, die „Jesus" spricht; in die Weise, wie Er sich zu „Gott" wendet[1], sich in Ihm

---

[1] Die Anführungszeichen sollen andeuten, daß „Jesus" und „Gott" zunächst nur dem ersten Eindruck nach genommen werden, ohne etwas über das innere Verhältnis auszusagen.

und Ihm gegenüber bewegt; wenn wir darauf achten, wie im Ganzen seines Seins, seines Sprechens,
seiner Atmosphäre „Gott" auftaucht, dann müssen
wir sagen: Hier ist mehrfaches göttliches Angesicht.

Da ist jenes Angesicht, welches gemeint ist, wenn
Jesus vom „Vater" redet: Aufragend in Majestät;
Anfang und Ende von Allem; Schaffender, Wal-
tender, Voraussehender, Lenker zum Ziel, Vollen-
der ewigen Ratschlusses. Von Ihm kommt alles her.
Auf Ihn ist alles hingewendet. Das Vaterunser
drückt die Beziehung zu Ihm aus. Die Gleichnisse
reden von Ihm ... Da ist aber auch jenes Angesicht,
welches auftaucht, wenn Jesus sagt: „Ich". So wenn
Er dem Vater gegenübersteht, Ihn anrufend oder
seinem Willen standhaltend. Wenn Er sagt, Er und
der Vater seien eins, und Er doch gehorchend den
hersprechenden väterlichen Willen ausführt. Wieder, wenn Er betont, daß Keiner vom Vater weiß,
es sei denn durch Ihn, Jesus. Hier ist ein anderes
Angesicht, anders geartet, anders gewendet. Es wird
der „Sohn" genannt, und wieder, von Johannes, das
„Wort" ... Noch einmal ein drittes zeichnet sich ab,
wenn Christus von dem „Tröster" redet, den Er
vom Vater senden wird; vom Geiste, der in seine,
Jesu Wahrheit einführen wird; der vom Seinen
nehmen wird und es den Menschen geben; vom Bei-
stand, der die Menschen „Abba, Vater" sagen lehrt,
und sprechen „Herr Jesus", und „Zeugnis geben"
für Ihn. Dieses Wer ist von jenen beiden anderen
unverwechselbar verschieden. Ein anderer Jemand;

anders die Züge seines Angesichts; anders sein Blick; anders der Hauch, der von Ihm kommt und die Bewegung, in welcher Er steht.

Sie alle aber stehen nicht nebeneinander, sondern der Eine ist im Anderen: Der Vater ist Er selbst nur, indem Er der Vater des Sohnes ist. Er ist nicht „Vater" im allgemeinen religionsgeschichtlichen Sinne; die Vatergottheit, wie sie bei vielen Völkern vorkommt, der waltende Herr der Höhe und des Himmels, sondern der Vater jenes Sohnes, welcher Christus ist. Nur durch den Sohn ist Er uns offenbar; nur durch den Sohn geht es zu Ihm... Der Sohn ist Er selbst, indem Er der Sohn dieses Vaters ist; dessen Herrlichkeit, von Ihm ausgehend und auf Ihn hingewendet; und es ist Sein ganzes Leben, den Willen des Vaters zu erfüllen... Im Geiste aber gehören Vater und Sohn liebend einander und sind einander inne. Im Geiste ist der Sohn vom Vater zu uns gekommen, empfangen durch Maria, die Jungfrau. Im Geiste hat Er gelebt und verkündet und gewirkt. Vom Vater her sendet der heimgekehrte Sohn Ihn uns... Im Geiste, der das Licht des Glaubens gibt, werden die heiligen Beiden uns zugänglich, inne und zu eigen.

Sie, die unaufhebbar Verschiedenen, sind Eins in der Einheit des gleichen Gotteslebens: Ein Gott, ein Schöpfer, ein Herr.

Glauben nun bedeutet an diesen Gott glauben. Der christliche Glaube geht in Gottes Angesicht;

aber so, wie dieses ist. Der Glaube ist so, wie Der
ist, an den er sich wendet. Er ist die Verbundenheit
mit Gott, dem Einen und Drei-Einen. Also spiegelt
er Dessen Wesen.

Wie heißt in der Heiligen Schrift der Vorgang,
worin das Glaubensverhältnis begründet wird, und
das neue Leben ersteht? Die Wiedergeburt. Das ist
nicht poetisch oder wie immer ungenau gemeint,
sondern ganz bestimmt und wirklich zu nehmen.
Der Beginn des Glaubens bedeutet, hineingenom-
men zu werden in den schöpferischen Schoß Gottes.
Darin stirbt in irgendeinem Sinne das alte Dasein,
und ein neues wird. Dieses neu empfangene Leben
kommt aus Gott selbst und bedeutet, daß der Glaubende, wenn man so sagen darf, mit Gott eines
Blutes wird — daher denn Paulus den Glauben so
eng mit der Taufe verbindet, welche das Sakrament
der Wiedergeburt ist, daß diese als die Vollendung,
die Leibhaftigwerdung des Glaubens erscheint[2].

Diese göttliche Verwandtschaft entfaltet sich auf
die drei heiligsten Personen hin. Im Glauben hat
der Christ Gemeinschaft zum Vater, als Dessen
Sohn, Dessen Tochter. Darin neigt er sich vor des
Vaters Majestät; gibt er alles Eigene in Seine Hut
und Fügung; nimmt des Vaters Willen in den eigenen Willen auf. Es ist die Gesinnung des Vater-
unsers . . .[3] Das alles aber geht über den Sohn. Für
sich genommen, ist der Vater verborgen. Offen wird

---

[2] Siehe darüber das letzte Kapitel dieses Buches.
[3] S. dazu Guardini, Das Gebet des Herrn, Mainz 1954.

Er erst im Sohn, dessen Vater Er ist. Erst wenn wir „in Christus" sind, seinen Blick auf den Vater, seinen Gehorsam, seine Liebe mitvollziehen, stehen wir „auf den Vater zu" und „sehen" Ihn. Das Glaubensverhältnis aber zu Christus selbst hat seine eigene Art. Es bildet eine neue Gottesverwandtschaft. Christus ist unser Bruder, und wir stehen zu Ihm, „als zum Erstgeborenen unter vielen Geschwistern". Er ist unser Meister, der uns den „Weg, die Wahrheit und das Leben" zeigt. Er ist Jener, der für uns in den Tod gegangen und auferstanden ist; der uns mit der verwandelten Gestalt seines Wesens durchfaßt und in das Bild des neuen Menschen, in die Einheit der neuen Schöpfung umformt... Und noch einmal anders ist unser Glaubensverhältnis zum Geiste. Er ist der innerlich Tröstende; der Sinn und Herz Erleuchtende. Jener, welcher uns reden lehrt, beten, bekennen und kämpfen. Er ist die Flamme, der Sturm, das Licht, das Band.

Jedesmal ist Glaube; aber jedesmal eine andere Glaubensgestalt. Jedesmal Verwirklichung einer Gottesverwandtschaft, aber als mit einem anderen Göttlich-Verwandten. Anders der Vater-Glaube; anders der Sohn-Glaube; anders der Geist-Glaube. Aber keiner von den übrigen zu trennen. Immer trägt und öffnet und durchdringt der eine den anderen. Denn diese Glaubensgestalten sind doch nur e i n Glaube, so wie die drei göttlichen Personen nur e i n Gott sind.

Tiefe Dinge sind das, und immer vertrauter, sobald wir uns aus der Verschwommenheit der Allerweltsbegriffe lösen und uns der Offenbarung zuwenden; entschlossen, sie zu erfassen, wie sie ist, nicht wie wir selbst sie aus unserer Menschenweisheit und Torheit zurechtdenken. Je mehr Einer im Glauben erstarkt, desto klarer, leuchtender, mächtiger treten ihm die Angesichter Gottes hervor und bestimmen die Unterscheidung, Wechselbeziehung und Einheit dieses Glaubenslebens.

Auch hierin aber steht es bei den verschiedenen Menschen verschieden.

Beim Einen entzündet sich der Glaube zuerst dem Vater gegenüber; vielleicht ohne zu wissen, daß er diesen Vater nur durch Christus hat. In der Hut des Vaters stehen, bedeutet für ihn Glaube schlechthin. Von dort entwickelt der Glaube sich weiter und gelangt allmählich zu den anderen Gottesangesichtern .. Ein Anderer trifft zuerst auf Christus, auf seine Gestalt in der Geschichte, auf sein Wort in der Schrift, und wird von Ihm zum Vater und zum Geiste gewiesen .. Ein Dritter wieder erfaßt zuerst die Werke des Geistes, die Gestalten der Heiligkeit, die Stimme der Kirche. Dort empfindet er zum erstenmal die Kraft des Göttlichen und, mitten in aller Bedingtheit, die Gewähr des Ewigen, so daß er hier das ewige Wort der glaubenden Treuknüpfung sprechen kann. Erst von hier her gehen ihm der Sohn auf, und der Vater.

Darin gibt es keine Gesetze. Gott hat jedem die

Besonderheit seines Wesens und seiner Lebensfüh-
rung zugewiesen und ruft Jeden, wie Er will.

# GLAUBENSKRISEN

Wir haben unsere Betrachtungen mit der Frage begonnen, wie der Glaube entstehe. Nun gehen solche
Überlegungen aber immer nur bis an eine gewisse
Grenze; das Letzte jedes lebendigen Entstehens
bleibt undurchdringbar. Wenn man einen Menschen,
der gläubig wäre und zugleich fähig, sich selber richtig zu sehen, fragte: Warum glaubst Du eigentlich?
— so würde er wahrscheinlich zunächst antworten:
„Weil diese Wahrheit mich überzeugt .. weil der
und der Wert mich gewonnen hat ... weil ich Möglichkeiten letzter religiöser und menschlicher Erfüllung sehe .." Dann aber würde er wohl hinzufügen:
„Das alles ist nur Vorletztes. Im Letzten glaube ich,
weil Christus wirklich i s t." Das heißt aber: „Weil
ich glaube." Gläubigwerden ist eben ein Anfang.
Man kann es nicht aus psychologischen oder ideellen
Voraussetzungen ableiten. Gewiß kann man Gründe
anführen, Hinweise finden, Beweise aufstellen; man
kann psychologische Bezüge aufdecken und Erleb-
niszusammenhänge deutlich machen — das eigentliche Glauben selbst aber ist ein Beginn lebendigen
Daseins, und als solches nicht abzuleiten. Sucht man
eine Entsprechung dafür, dann würde sie nicht darin
liegen, wie ein Denkender aus seinen Voraussetzungen den letzten Schluß zieht, sondern etwa in dem
Vorgang, wie morgens der Schlafende ins Wachsein
auftaucht; oder noch richtiger, wie das Kind aus
dem Schoße der Mutter ins eigene Dasein tritt. Der
Glaube hebt sich herauf; er schlägt die Augen auf;
er wird geboren, oder wie immer wir das ausdrücken

wollen, daß echter Anfang geschieht. So müssen alle Versuche, ihn in logische oder psychologische oder ethische Ursächlichkeiten einzufangen, notwendig scheitern. Für das bloß logische Denken ist das Gläubigwerden ein Zirkel: Es hebt sich aus sich selbst. Doch der „Zirkel", das heißt das Versagen der logischen Ableitung, ist eben die zugeordnete Form, wie der echte Anfang gedacht wird!

Hinter dieser Undurchdringlichkeit des Glaubensanfanges verbirgt sich aber ein tieferes Geheimnis. Den Glauben wirkt Gott. Alle Anstrengungen des Denkens, alle Vorgänge des Empfindens, alles Berührtwerden von heiligen Werten, alle Begegnungen mit heiligen Gestalten sind der Stoff, worin der eigentlich Wirkende, nämlich Gott, sein Werk tut. Das Gläubigwerden ist Wirkung eines göttlichen Tuns, das anrührt, durchwirkt, erhellt, an sich zieht, selbst aber im Geheimnis der Gnade bleibt. Dahinein dringt keine psychologische Untersuchung und keine logische Folgerung.

Der Glaube hat aber auch eine menschliche Seite; besondere Voraussetzungen des Werdens und der Entwicklung. Von da aus kann man sehr wohl die Frage nach der Glaubenserfahrung stellen, und wir haben damit begonnen, als wir uns klarzumachen suchten, wie der Glaube entsteht.

Damit uns aber das Ganze nicht ins Allgemein-Religiöse abgleite, haben wir sofort den Glaubensakt an seinen Inhalt gebunden und gesehen, wie er mit diesem steht und fällt. Der Glaube ist der auf

diese bestimmte Gotteswirklichkeit antwortende Akt
— womit im Übrigen nicht geleugnet ist, daß auch
die allgemeinen Gesetze und Strukturen jedes religiösen Verhaltens darin wirksam sind. Aber davon
redet unsere Religionswissenschaft schon übergenug
und ebnet den christlichen Glauben ins Allgemein-
Religiöse ein. Uns geht es um sein Wesen; das aber
wird erst am eigentlichen Inhalt deutlich. So haben
wir diesen mit aller Sorgfalt gesichert. Nachdem
das nun geschehen ist, fahren wir in unserer Untersuchung fort und fragen, was auf den Glaubens-
beginn folgt.

Wir fragen also nach einer Geschichte. Denn der
Glaube hat eine Geschichte. Wenn er erwacht, ist er
nicht fest und fertig, denn er ist Leben, und alles
Lebendige besteht in der Weise des Werdens. Auch
der Glaube wird und hat verschiedene Phasen seiner
Entwicklung; Aufstieg und Abstieg, Zeiten der Krise
und solche ruhigen Wachstums. Dieses Werden ist
sehr mannigfaltig. In der Geschichte eines Glaubens
steht der ganze Mensch, um den es sich handelt;
seine Eigenart, seine Kräfte und Schwächen, was er
im Blute trägt, was er erfahren hat, was um ihn her
ist. So verliert sich auch diese Geschichte zuletzt, wie
jede andere, in die Undurchdringlichkeit des Schicksals. Aber wie in jeder Geschichte liegen auch in dieser gewisse allgemeine Formen, die wir herausheben
und mit denen wir uns in der Mannigfaltigkeit des
Lebens zurechtfinden können, ohne seine Ursprünglichkeit einzuebnen.

Diese Typik der Glaubensgeschichte ist sehr vielfältig, und man kann sie von den verschiedensten
Punkten her anfassen. Wir wollen es mit der Frage
versuchen, ob es typische Glaubenskrisen gibt.

Es gibt sie sicher, und zwar verschiedenster Art:
Solche, die aus dem Eintritt in eine neue Umgebung
kommen; oder aus tiefgreifenden menschlichen Ereignissen, wie dem Zerbrechen naher Beziehungen;
aus guten oder schlimmen Schicksalen; aus Störungen des körperlichen und seelischen Lebens usw.
Hier wollen wir jene Krisen ins Auge fassen, die aus
den entscheidenden Umlagerungen im Fortgang des
menschlichen Lebens selbst hervorgehen.

Man hat mit Recht gesagt, der kindliche Zustand
habe etwas von einer Hülle an sich. Die Fürsorge
der Eltern und Erziehenden, wie überhaupt die un-
willkürliche Haltung des Erwachsenen dem Kinde
gegenüber geht dahin, es mit einer behütenden Atmosphäre zu umgeben, damit es gefahrlos und von för-
dernden Kräften umfangen heranwachsen könne.
Die Sorge der Erwachsenen allein aber würde diese
Hülle nicht herstellen und erhalten können, wenn
das Kind selbst in seinem ganzen Verhalten nicht
mithülfe. Das Kind selbst ist es, das diese Atmosphäre, aus seinen eigenen Entwicklungsnotwendig-
keiten heraus, aufbaut. Die Art, wie es die Wirklichkeit nimmt; wie es über eine sehr nahe Grenze
hinaus die Dinge überhaupt nicht mehr sieht, oder
sie im Unbestimmten läßt; die Weise, wie es die

Dinge und Geschehnisse auf sein eigenes Dasein bezieht, sie beseelt und umformt — alles das schließt eine behütende Umwelt um es zusammen. Darin geht alles in eins. Innen und Außen, Wirklichkeit und Märchen, Welt und Glaube verweben sich. Alles ist vertraut und freundlich helfend hergewendet.

Gewiß ist es auch oft anders. Bei vielen Kindern zeigen sich sehr früh Risse und Spannungen in ihrer Welt. Bei manchen kommt es zum Aufbau einer wirklich schützenden und harmonischen Kindeswelt überhaupt nie. Bei allen gibt es Störungen; Leid, dunklen Druck, unbegriffene Sehnsucht. Dennoch bildet die Grundform des kindlichen Daseins ein Leben in umschränkter und behütender Umwelt, worin die Wirklichkeiten harmonisch ineinandergewoben sind, Diesseits und Überwelt, Wirklichkeit und Traum, Seele, Leib und Ding in eins gehen.

Aus dieser Gesamtverfassung heraus ist auch der kindliche Glaube bestimmt. Er hat — alle Unterschiede im Einzelnen zugegeben — eine vertrauende Sicherheit. Gewiß warten schon überall die Fragen, aber sie sind noch überdeckt, in einem Schwebezustand aufgefangen.

Dann kommen die Entwicklungsjahre. Erst dunkel, dann immer stärker und offener regt sich der große Lebenstrieb und sucht den Menschen des anderen Geschlechtes; sucht die Welt in ihrer Fülle; sucht das eigene Werk und die Entfaltung der eigenen Persönlichkeit.

Diesen Trieb kann man in vielfacher Weise beschreiben. Für unseren Gesichtspunkt ist besonders wichtig, daß er eine Richtung ins Endlose hat; daß er zu Aufstieg und Ausweitung drängt; daß er in die Fülle der Welt greift, um sie ins eigene Innere hereinzuholen. Zugleich will er die eigene Person in Besitz bekommen; im eigenen Selbst Stand fassen; sich gegen das durchsetzen, was sie einschränkt und in Abhängigkeit hält. Dieser Wille stößt gegen die Existenzform des kindlichen Daseins. Gerade deren Eigentlichstes, der begrenzte Umkreis, das freundliche Behütetsein, das Warm-Umfangende wird jetzt unerträglich. Die früheren Begriffe, Vorstellungen, Verhaltungsweisen, Symbole beengen. Sie krachen gleichsam in ihren Nähten; werden gesprengt oder weggeworfen.

So auch im Glaubensleben. Die religiösen Gestalten, Normgebungen, Motivierungen, die bisher in Geltung waren, werden als kindisch, unmündig, harmlos, beengend empfunden, und es beginnt eine Krise des ganzen gläubigen Verhaltens. Sie kann sich in den verschiedensten Weisen ausdrücken: in intellektueller Kritik; in ethischer Auflehnung; in Gegensatzgefühlen zur voraufgehenden Generation; im Zusammenstoß mit Autorität tragenden Menschen; in ungeduldiger Opposition gegen den ganzen vorgefundenen Daseinsstil usw. Das Eigentliche in alledem aber ist jene innere Umlagerung des Lebens, die für das werdende Neue Raum und Ausdruck sucht. Und die Krise mag sich im Einzelnen

lösen wie immer: Tiefere philosophische Überzeugungen mögen gewonnen, befriedigendere ethische
und religiöse Werte entdeckt, menschliche Beziehungen gefunden werden, die zu einer neuen Glaubenshaltung helfen, Vorbilder, Freundschaften usw.
— wird die Krisis wirklich ausgetragen und eine
neue Glaubensexistenz erreicht, so scheint der Kern
immer dieser zu sein: Der junge Mensch erkennt,
daß die Unendlichkeit des neu erwachten Lebens-
impulses in der christlichen Wirklichkeit Raum hat,
und er als freier, schaffender Mensch im Glauben
stehen kann. Er sieht, daß die Substanz des Glaubens mit ihren kindlichen Formen nicht identisch ist,
wirft diese ab und entdeckt für seine Gläubigkeit
neue, die strenger sind und geräumiger zugleich.

Und nun entfaltet sich eine sehr schöne Gestalt
des Gläubigseins; man kann sie die idealistische oder
enthusiastische nennen. Darin sind Unendlichkeits-
verlangen, Freiheitsdrang und Schaffenswille mit
dem christlichen Willen verschmolzen. Der Glaube
hat etwas Kühnes, Weites und Zuversichtliches. Etwas Hochansteigendes, eine schöne Tapferkeit ist
darin, die zu Großem fähig ist, eine edle Strenge
und Unduldsamkeit, und einem Leben, dem diese
Zeit gefehlt hat, fehlt etwas sehr Wichtiges.

Diese Haltung wächst nun fort, verschieden lang,
je nach Umständen und innerer Kraft, bis sie selbst
in eine Krise gerät.

Diese Gläubigkeit — wie die Haltung dieser jun-

gen Menschlichkeit überhaupt — hat Fühlung mit
der Weite der Welt; Kraft der Selbstergießung in
den großen Raum; Macht der Idee und Phantasie;
Großmut des Herzens. Aber die Dinge in ihrer
Wirklichkeit, die menschlichen Zustände, wie sie
sind, das Dasein in seiner Härte sieht sie noch nicht.
Das alles hat sie mit der Idealisierungskraft des
Blickes und Herzens verwandelt; hat es stilisiert —
oder aber übersprungen. Ebenso wie der leiden-
schaftliche Wille, in der Freiheit das eigene Selbst
zu finden, dieses noch nicht in seiner zähen Realität
erblickt, sondern ein Wunsch-Selbst geschaffen und
die Wirklichkeit dahinein umgeformt hat. Dieses
Dasein ist gleichsam ausgespannt zwischen der Auf-
schwungskraft des Geistes und Herzens auf der
einen Seite, und der ewigen Idee auf der anderen.
Was aber dazwischen steht, die konkrete Wirklichkeit, tritt noch nicht hervor. Im Maße nun das Leben voranschreitet, läßt die Macht des Aufschwungs
nach; der Bogen des Lebens senkt sich; die Verwandlungskraft wird schwächer. Zugleich drängt
sich die Wirklichkeit schärfer hervor: der Dinge, wie
sie sind; der Menschen; der Einrichtungen und Zustände. Nicht zuletzt die Wirklichkeit des eigenen
Selbst. Die Mißerfolge und Enttäuschungen häufen
sich. Die Bloßstellungen, mit denen das Dasein auf
die kühne Zuversicht jenes Idealismus antwortet,
werden zahlreicher. Erst wird alles mit neuem Einsatz wettgemacht; allmählich aber wird die Zuversicht schwächer. Immer weniger kann das Negative

übersehen; immer weniger die Intensität des Wunsches mit wirklichem Erfolg verwechselt werden. Immer deutlicher wird erfahren, wie zäh, wie unbeweglich das Dasein ist und wie ohnmächtig ihm gegenüber der ideale Gedanke und die großmütige Bewegung des Herzens. Es zeigt sich, was „Wirklichkeit" ist; daß sie aus eigenen Fundamenten heraus dem Affekt entgegensteht und nicht weicht.

Und nun droht die Gefahr der Ernüchterung. Die Gefahr, vom Eindruck überwältigt zu werden, die Wirklichkeit sei stärker als die Idee; die Zustände härter als der Geist; die Selbstsucht, Enge, Kleinlichkeit, Niedrigkeit und Gemeinheit des Daseins zäher als die Großmut des Herzens. Der Mensch erlebt die Beschämung, mit dem eigenen hohen Wollen als Phantast dazustehen. Die Scham des werdenden Mannes über die eigene Jünglingshaftigkeit rührt sich, der werdenden Frau über ihr Jungmädchentum, und die Gefahr der Skepsis droht, noch verstärkt durch das Gefühl, sich dadurch als wirklich erwachsen und entzaubert ausweisen zu können.

Es braucht nicht besonders gezeigt zu werden, daß der Glaube das erste ist, was in diese Krisis gerät. Der idealistische Glaube zerfällt. Er kommt sich selbst verstiegen, weltfremd, sentimental, übertrieben vor.

Wieder kann der Wandel in verschiedenartigster Weise vor sich gehen: daß der junge Mensch in seinem Denken und Fühlen nüchtern wird; kritischer in seinem Verhältnis zu den anderen Menschen; härter im Beruf; fester im öffentlichen Leben usf. So kann auch der Glaube sich in verschiedenartigster Weise neu gewinnen. Geschieht das wirklich und aus der rechten Tiefe, dann immer so, daß der Reifgewordene die Wirklichkeit annimmt, wie sie ist, aber vor ihr nicht kapituliert, sondern mit seinem Glauben ihr gegenüber Stand gewinnt. Der Glaube vergewissert sich seiner Unabhängigkeit der Welt gegenüber. Er senkt die Wurzeln tiefer in den eigenen Boden und vermag dem Dasein mit einer Haltung entgegenzutreten, die nicht auf Einklang rechnet; vielmehr jeden Widerstand, jegliche Enttäuschung von der Wirklichkeit her freigibt und sich ihr gegenüber im „Dennoch" behauptet. Ja vielleicht sogar eine tiefe, grimmige Genugtuung darüber empfindet, daß die Dinge nicht stimmen, Hart gegen Hart steht, und die Glaubensexistenz eine kämpferische ist.

Wir können es auch so ausdrücken: Es erwacht der Charakter im Glauben. Denn Charakter bedeutet, daß die Überzeugung der Wirklichkeit gegenüber standhält. Alles, was Treue heißt, Zucht, Aushaltenkönnen, tritt in den Glauben; das zähe Ringen mit der Wirklichkeit; das Ausharren in der Position, auch ohne daß in absehbarer Zeit eine Möglichkeit des Erfolges deutlich erhofft werden könnte.

Es ist der Glaube des mündigen Menschen, des Mannes, der Frau, der ohne Illusionen aus der Treue heraus lebt.

Vielleicht geht die Entwicklung aber noch weiter. Das Wesentliche dieser Glaubenshaltung besteht in der Härte, mit welcher die Wirklichkeit erlebt — zugleich aber in einer besonderen Entschlossenheit, mit welcher der Kampf aufgenommen und durchgehalten wird. Wächst der Glaube, dann kommt der Augenblick, da er sich selbst als die tiefer verankerte, überwindungsstärkere Wirklichkeit erfährt. Dann kann er gegen die Wirklichkeit der „Welt" aufkommen und jenen Sieg erringen, von dem Johannes spricht: „Das ist der Sieg, der die Welt überwindet, unser Glaube."

Im Maße nun der Mensch ausharrt und voranlebt, vollzieht sich eine neue Relativierung der entgegenstehenden Wirklichkeit. Sie verliert an Gewicht, an Dichtigkeit und Kraft. Aber nicht vom Schwung des jungen aufsteigenden Lebens her; aus seinem unendlichen Drang und der Verwandlungskraft des Eros. Sondern im Bewußtsein des älter werdenden Menschen kommt das Ewige näher. Die Dynamik der Lebensbewegung läßt nach; so kann das Raum gewinnen, was von Jenseits herspricht. Vor dem herandringenden Ewigen verliert die Zeitwirklichkeit an Intensität. Der Glaube darf die Spannung lockern, mit welcher er sich seiner eigenen Wirklichkeit immer neu versicherte. Die Anstrengung, mit der er sich immer wieder aufs Neue gegenüber der zähen Härte des Seins aufrichten mußte, darf sich lösen. Die Dinge fügen sich wieder leicht; aber nicht durch Verzauberung, sondern von den Rissen und

Widersprüchen her, welche die Welt zertrennen, beginnt ein höherer Sinn durchzuscheinen. Das Dasein wird durchsichtig, und eine neue Einheit bereitet sich vor.

So gewinnt auch der Glaube eine neue Gestalt, die des alten Menschen; ehrwürdig und vom ewigen Licht durchschimmert.

# DER GLAUBE UND DAS TUN

Fassen wir das bisher Durchdachte zusammen:

Zuerst wurde uns deutlich, daß das Gläubigwerden ein Hervorgang neuen Lebens ist. Der Glaube als solcher kann also nicht aus Voraufgehendem abgeleitet werden; weder durch Vernunftgründe, noch durch Willensmotive, noch durch psychologische Einflüsse. Vielmehr wird mit ihm ein neues Leben geboren, und zwar, wie er sich selbst bewußt ist, von Gott her .. Dann war vom Inhalt des Glaubens die Rede, und wir sahen, wie jenes neue Dasein in einer personhaften Verbundenheit mit dem Gott steht, an den es glaubt; wie es bestimmt wird vom Antlitz Gottes, und Gläubigsein heißt, mit dem Vater, mit dem Sohne, mit dem Heiligen Geiste Gemeinschaft zu haben .. Endlich gingen wir der Lebendigkeit des Glaubens nach, und wie er darum Geschichte hat. Diese Geschichte aber gibt es so viele Male, als es den glaubenden Menschen gibt, weil der mit allem, was er ist, in seinem Glauben steht. Auch diese, wie alle Geschichte, hat Zeiten, in denen das Lebensgefüge sich umbaut. Dazwischen liegen Krisen, und Vieles von dem, was man „Glaubenszweifel" nennt und einfachhin bekämpft, hat in Wahrheit einen ganz positiven Sinn. Es sind die Unklarheiten, Spannungen und Brüche; die Widersprüche zwischen dem innerlich Lebendigen und dem verfügbaren Ausdruck; die Unfähigkeit, sich selbst zu verstehen und mit dem eigenen sich wandelnden Zustand in ein deutliches Verhältnis zu kommen, wie sie bei solchen Umlagerungen eintreten müssen. Und die Ausein-

andersetzung mit dem „Zweifel", dem eigenen wie
dem des Anderen, würde oft viel leichter, und darüber hinaus wirklich fruchtbar sein, wenn sie aus
einem Verständnis seines wahren Sinnes heraus geschähe.

Nun wollen wir noch einmal und tiefer zu erfassen suchen, wie Glauben verwirklicht wird. Und
zwar soll uns das Wort Christi den Zugang öffnen:
„Tuet, was Ich euch sage, und ihr werdet innewerden, daß es aus der Wahrheit ist." Es meint offenbar: Wenn ihr der Wahrheit des Glaubens mächtig
werden wollt, dann dürft ihr nicht mit unbeteilig-
tem Blick auf sie schauen, sondern müßt handelnd
in sie eintreten. Dann erst wird sie sich erschließen.

Glauben ist etwas, das man nur aus ihm selbst
heraus verstehen kann. Aber unser Verständnis
braucht Hilfe; so legen wir Bilder aus unserer Erfahrung an, um mit seiner „Neuheit" besser fertig
zu werden. Als ein solches Hilfsbild für das, was
Glauben heißt, pflegen wir unser natürliches Wissen
zu nehmen. So scheint es z. B. der Satz des Kate-
chismus nahezulegen, welcher sagt, Glauben heiße
„alles fest für wahr zu halten, was Gott geoffenbart
hat" — gleichwie der Schüler für wahr hält, was
ein vertrauenswürdiger und verehrter Lehrer ihn
gelehrt hat.

Der Vergleich trifft natürlich zu. Durch die Offenbarung erhalten wir Kunde von der Wirklichkeit
und dem Reiche Gottes. Wir glauben der Botschaft

und sind ihrer Wahrheit gewiß. Der Vergleich könnte aber auch eine Gefahr mit sich bringen, daß wir nämlich unter Botschaft und Gewißheit eine Kenntnis etwa von der Art der Naturwissenschaft verstehen. Danach gibt es diese und diese Stoffe, diese Pflanzen, diese Tiere; alles steht in sich selber da, gleichgültig, ob ich bin oder nicht und wie ich mich dazu stelle; Wissen aber bedeutet, genau aufzunehmen, ordnend zusammenzufassen und zu durchdringen, was „da draußen" steht. Wer ich selbst bin, und wie mein Leben ist, hat darin nichts zu suchen — es sei denn im Bereiche letzter, nicht leicht zu durchschauender Voraussetzungen, über die wir hier nicht weiter sprechen wollen. Das trifft mehr oder weniger für alle natürlichen Wissenschaften zu. Es wäre aber verhängnisvoll, wenn wir dieses Bild auf den Glauben übertragen und denken würden, da stehe etwas, für sich, ohne Rücksicht auf das, was ich selbst bin; ich aber blicke hin, sammle seine Eigenschaften und ordne das Aufgefaßte in ein System. Das wäre noch kein Glauben. Auch nicht, wenn jenes Etwas die Wirklichkeit Gottes selbst wäre, ja nicht einmal, wenn jene Kenntnis mir durch Mitteilung Gottes selbst käme. Das Bild der unbeteiligt-gegenständlichen Erkenntnis hätte mich irregeleitet.

Wenn schon ein helfender Vergleich nötig ist, so gibt es ein anderes „Wissen", dessen Bild man dem Glauben unterlegen kann: Jenes nämlich, worin ich um mich selber weiß. Da handelt es sich nicht um einen fertigen Gegenstand, vor dem ich mich befände

und ihn betrachtete, sondern „Gegen-Ständlichkeit"
ist da zugleich „In-Ständigkeit". Was ich erken-
nend ins Bewußtsein hebe, bin zugleich lebend ich
selbst. Wenn ich es also nicht lebe, kann ich es nicht
erkennen, weil es dann nicht ist. Von hier aus gesehen bekommt auch die Wirklichkeit draußen, Dinge,
Menschen und Geschehnisse, einen besonderen Charakter. An sich und zunächst, ich möchte sagen, na-
turwissenschaftlich genommen, ist das alles, was es
ist, objektiv; seinen Daseinssinn aber erhält es erst
daraus, daß es auf mich bezogen ist, und ich auf es.
Diese Welt der Dinge und Geschehnisse trägt mein
Dasein und entfaltet es; mein Dasein wiederum gibt
ihr Deutung und Mittelpunkt. Wenn ich nicht in die
Beziehung des Lebens und der Deutung zu ihr eintrete, dann ist sie als Daseinswelt nicht da.

Will ich also innewerden, was in alledem Wahrheit ist — die eigentliche, lebendige Wahrheit —
dann muß ich sie tun! Ich muß existieren, um mich
und jene Welt, sofern sie „meine" Welt ist, erkennen
zu können. Ich muß in mich selbst treten, mich auf
mich nehmen, leben, vorangehen. Je eindeutiger ich
das tue, je kräftiger ich mein Dasein vollziehe, desto
klarer tritt hervor, was ich da erkennen will: mich
selbst mitsamt der Welt, in der ich vorkomme. Dadurch wird das alles erst in seine Eigentlichkeit gebracht. Der Gegenstand dieses Erkennens erbaut sich
erst, indem ich lebe.[4]

Hier liegt ein genaueres Bild für das Selbstver-
ständnis des Glaubens.

Ich glaube an den Lebendigen, Dreieinigen Gott; an sein Werk der Schöpfung und der Erlösung und der heiligen Vollendung — zur Ganzheit dessen aber, woran ich da glaube, gehöre ich selbst mit meinem christlichen Dasein. Der Christ selbst gehört mit in das Credo. Dessen Sätze sind nicht als richtige Feststellungen an eine Wand geschrieben, sondern sind Akte des „Bekenntnisses" dieser Person, die sich in sie stellt und sie lebt. Diese Person steht ja auch tatsächlich im Glaubensbekenntnis, ausgedrückt durch das Wort, mit dem es beginnt: „Ich" glaube.

Der Christ steht im Credo als der zum Glauben Gerufene und glaubend Antwortende. Antwortend so, daß er sich lebendig gemeint weiß durch das, was er im Bekenntnis des Glaubens als christliche Wahrheit bekennen wird. Aber nicht als „der Christ", überhaupt und im Allgemeinen, sondern als der, um den es sich handelt. Zu dem, woran er glaubt, und was er glaubt, gehört er selbst mit hinzu. Der „Gegenstand" des konkreten christlichen Glaubens ist das, was er ist, endgültig erst darin, daß er auf den Christen bezogen steht, der daran glaubt.

---

⁴ Damit wird kein Subjektivismus behauptet, das ist wohl klar. Natürlich gibt es die Welt der Dinge an sich, und sie ist von mir und meinem Leben unabhängig. Mit Kant hat das Gesagte nichts zu tun. Aber die Welt, in der ich vorkomme, die durch mich gesehen und erlebt ist, die meine Existenz deutet und die durch mein Existieren gedeutet wird, meine Daseinswelt — die gibt es ohne mich nicht; und es gibt sie in dem Maße der Intensität, mit der ich bin und lebe.

Die griechischen Kirchenväter sagen, der Gott, den das Christentum meint, sei nicht Gott, wie Er sich selbst zugewendet und vorbehalten stehe, der *theos pros heauton,* „Gott auf sich selbst hin", sondern der *theos pros hemas,* „Gott auf uns hin". In dieser seiner Hergewandtheit glauben wir an Ihn. Der Gott, an den wir — aber nun muß man reden, wie das Glaubensbekenntnis redet: an den ich glaube, ist Jener, der mich geschaffen hat. Gott bedarf meiner nicht. Er könnte sein, ohne daß ich wäre; sicherlich. Aber der Gott, der ist, ist unauslöslich Der, der mich geschaffen hat. Und so — das soll in aller Behutsamkeit des Glaubens an seine allerhöchste Souveränität gesagt sein, und mit irgendwelchem Pantheismus nichts zu tun haben — so gehöre ich doch irgendwie in das hinein, was das Wort „Gott", welcher der Schöpfer ist, meint. In seinen Hof gleichsam, in seinen Zusammenhang, oder wie wir etwas bezeichnen wollen, was über alles Denken geht . . Ähnlich verhält es sich mit der Heiligsten Dreieinigkeit. Sie ist ein Geheimnis unabhängiger Majestät. Sie meint die unausdenkliche Tiefe des göttlichen Lebens, das aus sich selbst lebt und keines Anderen bedarf — denn was könnte für Gott als „Anderes" in Betracht kommen? Und dennoch: Wenn ich im Glauben von der Heiligsten Dreieinigkeit rede, dann meine ich sie nicht so, wie ein Sternensystem irgendwo im Unendlichen, sondern als den ersten Ursprung und das letzte Ziel meines christlichen Daseins, und in den Glauben an dieses letzte Geheimnis fasse ich mich selbst hinein . . Ebenso wie die Erlösung, an die ich glaube, nicht Erlösung überhaupt ist, sondern die meine; jene, in welcher ich erlöst bin. Und die Heiligung, an die ich glaube, nicht Heiligung im Allgemeinen, sondern jene, die mich meint.

So steht es mit allem. Gott bedarf meiner nicht. Er könnte leben und herrschen in aller Fülle seines allheiligen und unfaßlichen Daseins, ohne daß die Welt wäre und ich mit ihr. Das ist einer jener Sätze, die wie Mauern um den Gottesgedanken aufgerichtet sind, damit seine Reinheit vor allem Pantheismus, vor aller Weltvermengung geschützt sei. Da aber Gott von Ewigkeit ratschlüssig ist, die Welt und mich zu schaffen; da Er mich gerufen hat, im Glauben und in der Liebe zu Ihm zurückzukehren; da Er die Welt als eine solche gewollt hat, in der ich glaubend stehen, und die erst in meinem gläubigen Dasein vollendet werden soll — da das alles so ist, wird sie das, als was Gott sie gewollt hat, erst, wenn ich auch wirklich glaube und glaubend zu Gott zurückkehre. Mein Glaube ist, soweit das mich betrifft, das letzte Sie-Selber-Werden der Welt, die Gott schaffend gemeint hat, und mein armes Menschsein gehört durch Gottes heilig-freien Willen unablösbar zu Ihm, den ich als meinen Schöpfer, Erlöser und Heiliger glaube, hinzu.

Glauben heißt also nicht, daß da etwas Festes und Fertiges stünde, mir gegenüber, und ich faßte es auf — sondern Glaube bedeutet die Selbsterfahrung

eines lebendigen Daseins.[5] Glaubend erfaßt der aus
Gott zu neuem Dasein geborene Mensch sich selbst
in diesem Dasein; erfaßt Gott als Den, der dieses
Dasein schenkt, trägt und erfüllt; erfaßt die Welt
als Jenes, das, wie Paulus im achten Kapitel des Rö-
merbriefes sagt, auf dieses Dasein hinlauscht, um
darin seine eigene Erlösung und Vollendung zu finden. Dieses Dasein aber ist darin wirklich, daß es
vollzogen wird; und es ist um so voller da, je voller
und stärker das geschieht.

Es kann nur geglaubt werden, weil es da ist. Es ist
da, indem es vollzogen wird. Und je stärker es vollzogen wird, desto mächtiger ist es da und desto tiefer kann es geglaubt werden. Wieder, und von einem

---

[5] Man könnte gegen das Gesagte einwenden, es nehme
den Glauben „subjektiv". Eigentlich sollte das zweite
Kapitel, mit welchem dieses — wie übrigens jedes der
Reihe mit jedem — eng zusammengehört, Antwort genug
sein. Aber ich will doch zu allem Überfluß ausdrücklich
betonen, daß hier nur ein besonderes Moment im Ganzen des Glaubens herausgehoben werden soll. Dazu ist
aber eine gewisse Einseitigkeit nicht zu umgehen.

Im Übrigen heißt Glauben natürlich zuerst und grundlegenderweise an den Lebendigen, in sich unabhängigen
Gott glauben, der ist, ohne meiner zu bedürfen; der mich
geschaffen hat ohne mein Dazutun; der mir eine Gnade
gewährt, die ich aus Eigenem weder erringen noch ver-
dienen kann. So heißt Glauben, von mir weg in das heilige Du Gottes gehen. Gerade in der Selbst-Lösung dieser
Herzensbewegung liegt jenes „Verlieren der Seele", worin das „Selbst-Finden" des Heiles sich vollzieht. Alles
oben Gesagte setzt dieses voraus und soll erst innerhalb
seiner zur Geltung gebracht werden.

neuen Ausgangspunkt her, sind wir vor die An-
fangshaftigkeit des Glaubens gelangt, wie sie sich in
jenem „Zirkel" des Denkens ausdrückt.

Wenn ich sage, ich glaube an Gott, welcher der
Heilige ist, und die allgewaltige Macht, und die zar-
teste Güte zugleich — dann bleibt das, so gesprochen, bloßes Wort. Soll ich richtig „innewerden, daß
es Wahrheit ist", dann muß ich es „tun", d. h. muß
mich mit Gott einlassen. Ich muß Ihn suchen; muß
Raum geben, daß Er an mich herankomme, und
dann, aus der Begegnung, in welcher ich, als ich, an
Ihn gelange, Er an mir seine Macht und seine Milde
deutlich werden läßt — darin erst erhalten jene
Worte von der Macht und von der Güte überhaupt
ihren Sinn. Denn sie meinen nicht Macht und Güte
im allgemeinen, sondern gegen mich — wie auch gegen Dich, und gegen Jenen, und gegen Jeden neu.
Oder die Vorsehung: Sie bedeutet die liebende
Weisheit, mit der Gott alles lenkt. Eine Weisheit
also nicht wie die des Schachspielers, nach welcher
er Figuren rückt; sondern was da weise gelenkt wird,
sind die Menschen mit ihrer Freiheit und Innerlich-
keit. Noch nicht genug: Ich bin es; und die ganze
Ordnung bekommt ihr Eigentliches dadurch, daß
sie sich durch das, was ich bin und tue, immerfort
erst vollzieht. Es gibt gar keine Vorsehung überhaupt, sondern — nachdem Gott mich nun einmal
gewollt und erschaffen hat — nur die Vorsehung, in
der ich vorkomme. Die kann ich gar nicht unbetei-

ligt denken, denn im gleichen Augenblick würde ich
mich ja aus ihr herausstellen. Ich denke sie richtig
nur, wenn ich sie so erfasse, wie sie beständig wird,
das heißt, indem ich in sie, ins tätige Einvernehmen
mit dem vorsehenden Gott eingehe.[6]

Oder Gottes Liebe zu mir — man sollte Worte,
die Unersetzliches bedeuten, einmal vergessen können, damit man sie neu und echt wiederbekäme! —
wie kann ich an diese Liebe glauben, wenn ich nicht
in sie eintrete? Wirklich und lebendig glauben, daß
Gott mich liebt, kann ich ja doch nur, indem ich Ihn
wiederliebe — oder aber gegen Seine Liebe revol-
tiere. Ich muß Gott lieben, um lebendig glauben zu
können, daß ich von Ihm geliebt werde; muß wenigstens den Anfang der Liebe haben; wenigstens das
Verlangen danach, es möchte mir geschenkt werden,
daß ich Ihn lieben könne. Und in dem Maße kann
ich lebendig glauben, ein von Gott Geliebter zu sein,
als ich selbst ein Gott Liebender werde.

Nun verstehen wir wohl besser, was der Glaube
ist. Bewußtsein von heiliger Wirklichkeit, aber so,
daß mein Dasein aus ihr her und auf sie hin besteht.
Bewußtsein von Wirklichkeit und Dasein, aber darin,
daß dieses Dasein geschieht, gelebt wird.

Ich kann nur glauben, wenn ich christlich da bin ..
ich bin christlich da, im Maße ich christlich lebe ..
dieses Leben aber besteht zu einem guten Teil selbst

---

[6] Siehe auch dazu Guardini, Das Gebet des Herrn,
Mainz 1954, S. 11 ff.

im Glauben, denn der Glaube ist ja das lebendige Bewußtsein dieses Daseins .. also lebe ich um so mehr, je tiefer ich glaube — und wieder schließt sich der Ring.

So ist Glauben nicht starr, sondern lebendig; nicht fertig, sondern beständig werdend; nichts Sicheres, sondern immerfort neu zu vollziehen. Und es ist etwas sehr Angestrengtes, aber eben darin ist es groß.

# DER GLAUBE UND DIE LIEBE

Wir wollen es uns mit unseren Betrachtungen
über den Glauben nicht leicht machen. Es geht uns
nicht darum, die Spannungen und Schwierigkeiten
des Glaubens zu beseitigen und ein handliches Er-
gebnis zu erzielen. Das Geheimnis, das in allem Lebendigen ist, wird hier besonders dicht, weil es sich
um ein Leben handelt, das innerhalb des irdischen
Daseins von anderswoher auftaucht. So sind wir
darauf gefaßt, ein vielverwobenes Ineinander verschiedener Kräfte und Motive anzutreffen. Wir fühlen es als Zeichen der Wahrheit, wenn wir sehen, wie
die Fäden sich verschlingen, die Schichten sich hin-
tereinanderbauen, Voraussetzungen und Wirkungen
sich ineinsflechten und so der Zirkel echten Lebens
entsteht. Bei den eigentlichen Fragen des Daseins ist
ja doch das Erblicken und Durchmachen des Pro-
blems viel wichtiger als eine oft nur allzu verdäch-
tige „Lösung". Eine solche wird meistens mit Ver-
einfachungen bezahlt, und das lebendige Bewußtsein fühlt das und wird mißtrauisch. Entfaltet sich
aber das Problem in seiner wahren Größe, dann weiß
unser Geist sich vor der Wirklichkeit, und ihm
wird wohl, auch wenn er zu keiner eigentlichen Lösung gelangt. Und schließlich gibt es Fragen — es
sind gerade die tiefsten — zu denen das rechte Verhältnis hier, „im Stande der Wanderschaft", gar
nicht darin besteht, sie „lösen" zu wollen, sondern
bereit zu sein, in ihnen zu existieren. Das ist es wohl,
was Newmans Wort meint, Glauben heiße, „trag-
fähig zu sein für Zweifel".

Diese Betrachtung soll uns wieder zu einem jener
Zusammenhänge führen, worin Anfang und Auswirkung sich ineinsschließen — indem wir fragen,
wie der Glaube zur Liebe stehe.

Die Frage ist nicht müßig. Paulus stellt im drei-
zehnten Kapitel des ersten Korintherbriefes Glauben, Hoffen und Lieben als Grundakte des christlichen Daseins nebeneinander und betont, daß die
Liebe das Größte sei. Wie aber — stehen denn
Glaube und Liebe einfach nebeneinander? Heißt es
nicht einige Verse vorher, daß die Liebe es sei, welche „alles glaubt und alles hofft"?

Wenn wir fragen, wie sich die Liebe zum Glauben verhalte, so ist die erste Antwort, sie stelle dessen reinste Auswirkung dar. Glauben bedeutet, daß
die lebendige Wirklichkeit Gottes uns ins Bewußtsein tritt; dieser Gott ist aber die Liebe — so kann
es gar nicht anders sein, als daß der Glaubende sich
um die Liebe müht. Das Gebot, Gott zu lieben und
den Nächsten wie sich selbst, erscheint da als Auffor-
derung, sich der tiefsten Kraft bewußt zu werden,
die aus dem Gottesverhältnis entspringt, eben der
Liebe, und sie auszuwirken. Paulus redet immer
wieder von ihr, und 1. Kor. 13. sagt er: „Wenn ich
allen Glauben habe, daß ich Berge versetzen kann,
und habe die Liebe nicht, so bin ich nichts." Johannes faßt alles in sie zusammen, so daß die Mahnung,
zu lieben, zum Inbegriff der christlichen Lebensfor-
derungen wird. Jakobus aber sagt geradezu, ein

Glaube, der sich nicht in Werken der Liebe bewähre, sei „tot". Es gibt wohl eine Art Glauben ohne Liebe; aber was der Apostel darüber sagt, zeigt, wie furchtbar der Zustand ist: „Du glaubst, daß ein einziger Gott ist! Du hast recht daran; aber auch die Dämonen glauben es und schaudern." Glaube ohne Liebe ist ein Glaube des Schreckens. So bildet Liebe die reinste Auswirkung des Glaubens; sie kommt aus ihm wie die Blüte aus Schaft und Wurzel. Doch das ist noch nicht, was wir eigentlich im Auge haben. Wenn wir die Gesamthaltung des Neuen Testamentes betrachten, so scheint da mehr zu sein. Es scheint so zu sein, daß der Glaube selbst durch die Liebe besteht.

Aber ist das nicht ohne weiteres klar? Wenn Liebe die unmittelbare Auswirkung des Glaubens bedeutet, sein Wirksamwerden, sein Atemholen gleichsam — dann muß er ja ersticken, wenn keine Liebe da ist. Doch der Zusammenhang liegt tiefer. Schon im Anfang des Glaubens selbst muß die Liebe sitzen. Der Glaube, von dem die Schrift redet, muß selbst schon in Liebe wurzeln.

Ob wir nicht einen Ansatzpunkt in unserer täglichen Erfahrung finden?

Es geschieht wohl, daß ein Mensch, mit dem Bewußtsein, etwas Bedeutungsvolles auszusprechen, dem Anderen sagt: „Ich glaube an Dich." Damit meint er, daß er durch alle Zufälligkeiten hindurch dessen Wesensgestalt, durch alle Unzulänglichkeiten

und Entstellungen hindurch seine Wertgestalt erblickt. Auf die stützt er sich und vertraut, daß dem
Freunde von ihr her Leben und Werk gelingen werden. Dieses gläubige Schauen aber ist nur in der
Liebe möglich, denn nur der liebende Blick dringt
zum Wesen.

Das Sehen ist kein mechanischer Vorgang. Dinge
des lebendigen Menschendaseins kann man nicht so
in den Blick bekommen, wie einen Balken, der auf
der Straße liegt. Ja, und was selbst den Balken angeht — bemerkt man denn immer so einfachhin, was
da liegt? Übersieht man nicht oft Dinge, und fragt
sich nachher, wie das nur geschehen konnte? Bleibt
nicht zuweilen die Hauptsache unbemerkt, und Ne-
bensachen machen einen so tiefen Eindruck, daß man
sich wundern muß? Sind die feinen Vorgänge des
Blickes nicht von einem beweglichen Spiel von Mo-
tiven gelenkt, die ihnen vorschreiben, hier sehend zu
sein, und dort nicht? Vor diesem Ding die Blende
weit aufzutun, und vor jenem sie einzuengen; hier
hell zu belichten, dort Schatten fallen zu lassen, oder
zu verschleiern? Gehört das Sehen nicht zum Leben?
Ist Sehen nicht ein Teil des Kampfes gegen die Welt
und um sie? „Was ich nicht weiß, macht mich nicht
heiß", sagt das Sprichwort. Gesehenhaben brennt.
Wissen, daß etwas da ist, zwingt zur Berücksich-
tigung; weckt Furcht, oder Begehren, oder verpflich-
tet, oder wie immer die Rückwirkung heißt, die
vom Gesehenen auf den Sehenden zurückkommt. So
kann es zur Selbstbehauptung gehören, vieles über-

haupt nicht zu sehen; anderes in bestimmter Eintö-
nung; wieder anderes sehr scharf, so daß es beherr-
schend hervortritt und Mittelpunkt wird. Sobald
wir vollends an den Menschen geraten, können wir
gar nicht „unvoreingenommen" blicken, denn dann
stehen wir jenem Wesen gegenüber, welches Freund
oder Gegner ist, Erfüllung oder Zerstörung unseres
persönlichen Daseins, Kamerad oder Diener oder
Herr, und sofort sind alle Instinkte wach. Das Herz
empfindet, und die Persönlichkeit fühlt sich beteiligt. Nie ist unser Blick auf den anderen Menschen
voraussetzungslos. Wir selber, mit unserer Sorge
um unser Dasein, stehen, als die große Vorausset-
zung, hinter unserem Blicken.

Da kann man sagen: So wenig ist es wahr, die
Liebe mache blind, daß vielmehr sie allein sehend
machen kann. Die Liebe allein ist die Haltung, welche den Blick für das öffnet, was der Andere wirklich ist. Es gibt Liebe vielerlei Art: Die verlangende,
ineinanderstrebende; die ehrfürchtig verehrende;
jene, welche wohlwill, fördert, hilft; jene, die mit-
vollzieht. Immer aber tut echte Liebe eins: Sie gibt
den Anderen in sein Wesen frei; gesteht dem anderen zu, daß er Er-Selber sei; wünscht, daß er Er-
Selber werde. Ebendadurch wird sie sehend für das,
was er ist.

„Ich glaube an Dich" kann einer nur dann sagen,
wenn er den Angeredeten in irgendeiner Form liebt.

Nun verstehen wir wohl tiefer, was der Satz
meint, lebendig an Gott glauben könne der Mensch

nur, wenn er Ihn liebe; wenn er von der Liebe wenigstens den Anfang, die erste Bereitschaft habe.

An Gott glauben heißt doch, Ihn in irgendeinem
Sinne „schauen"; in irgendeinem Sinne innewerden,
daß Er da ist, und daß die Welt von Ihm her und
auf Ihn hin besteht, wie Paulus im Römerbrief sagt:
„Denn was unsichtbar an Ihm ist, seine ewige Macht
und Göttlichkeit, wird seit der Schöpfung der Welt
an seinen Werken deutlich erschaut" (1, 20). Gott
tritt entgegen aus dem, was ringsum ist; was ich
selbst bin; was mein Dasein ausmacht — aber wie
vieldeutig ist das! Das Dasein spricht nicht so von
Gott, wie der Zeiger des Apparats den Luftdruck
anzeigt, sondern als von einem Sinn und einem Geheimnis zugleich. Die Weltwirklichkeit ist Gott gegenüber vieldeutig, denn sie redet von Ihm in Ver-
wirrung, aus der Wirrnis der Sünde. Man kann göttliche Weisheit aus ihr erlauschen, aber auch kalte
Gleichgültigkeit, ja sogar Böses und Tückisches. Sie
macht Gott offenbar und verhüllt Ihn zugleich; denn
Er ist ihr Schöpfer und Urbild, zugleich aber der
Andere, Unbekannte und vom Bösen Verdeckte.
Wenn vollends die „Werke", um die es sich handelt, die Menschen sind, Menschenwelt und Menschengeschichte; wenn ich selbst es bin — was sich
da zeigt und wie es da zugeht — wie zweideutig
redet das alles von Gott!

An der Frage, ob Gott sei, bin ich noch ganz anders beteiligt als an jener, wie es mit diesem oder
jenem Menschen stehe. So ist mein Blick auf Gott

noch viel mehr und ganz anders von den Regungen des Herzens, von den Instinkten der Selbstbehauptung, vom Widerspiel des Verlangens, der Abwehr, der Furcht bestimmt, als jener auf die Menschen. Die ganze Verworrenheit meines Menschendaseins steht hinter dem Blick, der in die Welt ausschaut, ob es Gott gebe. Wenn nun schon diese Welt selbst so vieldeutig von Ihm redet — welche Macht muß dann das innere Spiel des vom Bösen durchwirkten unbewußten Willens haben, den Gottesausdruck in ihr zu verhüllen, umzumodeln, zu verkehren! Nicht umsonst heißt es, „die reinen Herzens sind, schauen Gott". Das gilt nicht erst vom Jenseits; es gilt schon vom Hier und Jetzt.

Wenn ich nicht wenigstens bereit bin, Gott zu lieben, werde ich Ihn nicht „sehen". Sein Blick wird ins Unbestimmte gleiten, wird überdeckt werden, wird sich verzerren. Anders, wenn die Liebe da ist. „Liebe" aber würde, von mir, dem Menschen her gesehen, vor allem bedeuten, daß ich die Möglichkeit einräume, es könne etwas geben, das mehr ist als ich und meine Hingabe fordert. Daß ich zur Begegnung mit dem Höchsten bereit bin; dieser Begegnung nicht ausweiche, sondern sie suche, und zugestehe, erst in der Hingabe, welche jene Begegnung fordern wird, werde ich mich selbst wirklich finden. Diese Haltung öffnet den Blick für das, was von Gott kündet, und macht, daß er Ihn sieht.

Gott hat sich aber doch in besonderer, ausdrücklicher Weise offenbart! In Jesus Christus, so, daß

„wer Ihn sieht, den Vater sieht!" In Christus ist
doch „das Licht gekommen, das alle Welt erleuchtet"
— eben jene „Welt", die durch das „Wort", welches
wiederum Christus ist, geschaffen worden! So, daß
der Apostel sagen durfte, daß sie „seine Herrlichkeit
gesehen haben, die Herrlichkeit als des Eingeborenen
vom Vater, voll der Gnade und Wahrheit".
Gott hat doch sein Wort gesprochen, und es ist durch
seine Boten zu uns gelangt, unserem Geiste zur Belehrung, unserem Herzen zur Weisung und Stär-
kung!

Gewiß, so ist es. Vom Sohn aber ist gesagt, „daß
niemand zu Ihm kommt, den der Vater nicht zieht".
Vom Lichte steht geschrieben, daß „die Finsternis
es nicht aufgenommen hat". Von Christus wissen
wir, daß die Menschen Ihn nicht erkannt, sondern
sich gegen Ihn verhärtet haben. Von Gottes Wort
endlich heißt es, daß das Innere berührt und der
Sinn aufgeschlossen werden müssen, wenn es verstanden werden soll, und daß, mögen die Ohren
noch so eifrig hinhören, der Teufel es aus dem Herzen nehmen kann. Auch das Offenbarwerden Gottes in Christus, auch das Reden Gottes in seinem
Wort bedarf also im Menschen der lebendigen Bereitschaft, der Gnade und Liebe, damit es gesehen
und vernommen werden kann.

So wäre vieles zu sagen: über die Vorsehung,
über die Person Christi, über die Kirche. Im Grunde
aber immer das Gleiche: Erst wenn die Liebe da ist,
tritt mir der Gegenstand richtig ins Bild. Erst wenn

von der Liebe wenigstens der Anfang, erst wenn zu ihr wenigstens die Bereitschaft da ist, kann ich glauben.

Wie soll ich aber lieben können, wenn ich den noch nicht „sehe", dem die Liebe gilt? Wie kann ich lieben, noch bevor ich glaube? Hier stehen wir am Letzten[7].

Zunächst wird man sagen, daß schon die Liebesbereitschaft Liebe ist, und Bereitschaft da sein kann, auch wenn der Gegenstand noch nicht im Blick steht. Das ist dann noch suchende Liebe; unbestimmt webende, die danach verlangt, sich auf ein Angesicht hin zu verfassen. Es ist ein Sich-Ausstrecken, ein Hinausgreifen, worin das Innere sich öffnet; eine Bewegung, in welcher das Herz sich auf den Weg macht. Der liebende Geist, vom heiligen Urpol aller Liebe angezogen, kann zu Ihm, der aller Liebe Wekker und Gegenstand ist, unterwegs sein, noch bevor der wissende Geist die Wahrheit sichtet. Das Herz kann bei Gott sein, und der Verstand noch fern. Diese Liebesbewegung des Herzens bereitet der Glaubenshingabe die Bahn. Sie öffnet der Wahrheit Herz und Willen, löst die Selbstbehauptung, und macht, daß „seine Seele gewinnt, der sie so verliert".

---

[7] Hierüber hat Augustinus in seinen „Bekenntnissen" aus tiefer Erfahrung heraus geschrieben. Aus verwandtem Geiste, aber in unserer Zeit, Madeleine Sémer — Leben, Tagebuchaufzeichnungen und Briefe übersetzt von R. Guardini, Mainz 1952.

Wie liebt denn die Mutter ihr Kind? Wie wird diese Liebe? Das, was einmal aus ihrem Blute Gestalt annehmen soll, was noch nicht ist, liebt sie erst in der Weise der Bereitschaft, zu empfangen. Dann fühlt sie das innerlich Werdende, und ihre Liebe selbst wird an seiner sich ihr entgegenformenden Gestalt. In diesem Lieben weiß sie um es, und glaubt an den Sinn und die Erfüllung seines Daseins. Und wenn sie es geboren hat, und es ihr sichtbar im Arm liegt, dann ist ihr Auge zu tiefstem Sehen und Kennen fähig, denn ihr Herz ist in langer Schule wartender Liebe geübt .. Gott ist der Selbsteinige und Freie, Er, der „Er-selbst" — aber Er nimmt doch auch Gestalt und Antlitz an aus mir; tritt mir entgegen aus dem, was ich bin; will aufgenommen sein in mein Denken und Leben, damit Er „mein Gott" werde. Heißt volles Glauben nicht, daß Er wirklich mein Gott geworden sei? Daß Er „geboren sei in mir", wie die geistlichen Meister sagen? Aber dieses Geheimnis vollzieht sich nur aus Liebe — und die erste Liebe besteht darin, sich Ihm für dieses Geheimnis zur Verfügung zu stellen.

Die Liebeshaltung öffnet den Glaubensblick — jedes Erstarken dieses Blickes aber gibt der Liebe weiteren Raum und hellere Klarheit. Man kann ebensogut sagen, daß der Glaube aus der Liebe entspringt, wie die Liebe aus dem Glauben, denn beide sind im Tiefsten Eines. Sie sind das Zur-Geltung-Kommen des gnadenvollen, lebendigen Gottes im lebendigen Menschen.

So werden wir für das Wachstum des Glaubens nichts Besseres tun können, als daß wir uns der Liebe öffnen. Uns der Großmut öffnen, worin der Mensch wünscht, es möge Größeres geben, als er selbst ist, und verlangt, das Höchste möge begegnen, auf daß er sich ihm hingeben könne. Die wagende, freudige Haltung gewinnen, die nicht um sich selber bangt, sondern weiß, daß die Hingabe stärker und schöpferischer als das Selbstbehalten ist.

Aber das alles bleibt noch irdisch. Wir müssen uns dem Geheimnis der Liebe öffnen, die von Gott kommt. Von Dem geschenkt wird, in welchem sie „göttliche Tugend" ist; Kraft, mit welcher Er sich und ebendarin sich offenbar ist: der Vater dem Sohn, der Sohn dem Vater und beide im Heiligen Geiste. An diesem Geheimnis gibt die Gnade uns Anteil. In der Gnade, in der Liebe ist Gott uns „gegeben". Aus diesem Geheimnis lebt der Glaube. An dieses Geheimnis müssen wir uns halten, damit wir lebendig glauben lernen.

Das alles aber wird aus der Gefahr der Unbestimmtheit und Unverbindlichkeit herausgerückt, wenn wir mit der Liebe dort Ernst machen, wo sie konkret deutlich wird: dem Nächsten gegenüber. Die große Frage des ersten Johannesbriefes lautet: Wie kannst du hoffen, daß du zum unsichtbaren, geheimnisvollen Gott im richtigen Verhältnis bist? Antwort: Indem du dich bemühst, in das richtige Verhältnis zu kommen zu den Menschen, die du siehst. So steht die Fähigkeit, glaubend zu schauen, in einer tiefen Verbindung mit der Bereitschaft, dem begegnenden Nächsten die Liebe zu erweisen, die der Augenblick fordert.

DER GLAUBE UND DIE HOFFNUNG

In der vergangenen Betrachtung sind wir den Zusammenhängen nachgegangen, die man den Organismus der christlichen Grundakte nennt, und zwar der Frage, wie der Glaube zur Liebe stehe. Daraus ist uns neues Licht auf das Wesen dieses Glaubens selbst gefallen. Wir haben gesehen, daß der Glaube sich in der Liebe auswirkt; so wesentlich, daß der Apostel Jakobus einen Glauben, der nicht liebt, „tot" nennt. Wiederum aber setzt der Klarblick, mit welchem der Glaube Wirklichkeit und Wert Gottes erfaßt, selbst schon die Bewegung der Liebe voraus. So wurde uns deutlich, daß Liebe und Glaube einander gegenseitig tragen, und diese Wechselbeziehung wies uns hinab auf die einige Wurzel des christlichen Lebens.

Wir wollen nun diesen Zusammenhängen weiter nachspüren und fragen: Wie steht der Glaube zur Hoffnung? Was bedeuten sie für einander?

Zuerst müssen wir — wie bei allen christlichen Gedanken — das Wesensbild dieser christlichen Ur-Tugend aus viel Verschüttung herausarbeiten und ihr ihre Tiefe und Fülle wiedergewinnen.

Was christliche Hoffnung sei, kommt uns erst richtig zu Bewußtsein, wenn wir sehen, wie zerstört das Menschenwesen ist. Tag und Nacht rinnt fort, unbegreiflich flüchtig. Kein Werk, keine Menschengestalt, keine Verbundenheit dauert. Alles wandelt sich und zerfällt. Wir mühen uns um den Sinn unseres Daseins und fassen ihn nicht. Wir sehen, was

sein sollte und vollbringen es nicht. Schicksale, Not-
wendigkeiten und wieder Zufälle, die sinnlosesten
oft, nehmen uns Werk, Besitz, Liebe weg. Leiden
kommen über uns; Not drückt uns. Wenn wir uns
selbst anblicken und Selbsttäuschung uns nicht
schützt, erschrecken wir und ertragen uns nicht. Wir
halten es mit all dem Armseligen, Häßlichen, Bösen,
das da sein Wesen treibt, nicht aus; blicken von dem
entstellten Bilde, worin wir unser Selbst erkennen
sollen, weg; werfen uns auf irgend etwas anderes,
einen Besitz, einen Wert, eine Reform, eine Welt-
verbesserung, und fühlen doch zugleich, wie wir uns
täuschen.

Ist das nicht etwas Unmögliches, dieses von Widersprüchen zerrissene, von Leiden zerstörte, dem
Tode verfallene, seines eigenen Sinnes unmächtige
Menschenwesen? So lebt denn auch in ihm das Bewußtsein, daß dieses alles eigentlich nicht sein sollte.

Immer wieder hat der Mensch angesetzt, sich aus
sich selbst herauszuheben, aber es ist ihm nicht ge-
lungen. Und schien es an einer Stelle des Lebens-
bereiches zu gelingen, dann doch nur, indem er an
einer anderen um so tiefer in die Verstrickung ge-
riet. Der Ring war in sich verschmiedet und nicht
aufzubrechen. Dennoch drang durch alles Verzagen
und Verzweifeln immer wieder das Bewußtsein
durch, es müsse anders werden können. Freilich
nicht aus der Welt selbst, sondern von jenseits ihrer
her, von dem, was „Gott" genannt wird. Woher
aber wußten die Menschen das? Der Glaube sagt

uns von der Urverheißung, die nach der Sünde dem
Menschen mitgegeben wurde und unausrottbar im
Herzen weitergelebt hat. Und dann muß doch wohl
auch aus der Art, wie die Dinge der Welt gehen, aus
der Art, wie sie gestaltet sind, eine göttliche Güte
deutlich werden — trotz aller Unsinnigkeiten des
Daseins, trotz seiner Kälte, Grausamkeit und Tücke.
Es ist schwer zu sagen, wie dieser Eindruck entstehen, und wie das Herz ihn herausspüren mag,
aber es muß wohl so sein.

So hat im Herzen des Menschen, zusammen mit
allem Wissen um die Verlorenheit, auch eine Zuversicht gelebt, die Lösung werde kommen. Das war
noch nicht die christliche Hoffnung, aber ihre Weg-
bereiterin.

In Christus ist dann etwas Ungeheures geschehen:
Es ist offenbar geworden, wie Gott gegen uns gesinnt ist: Daß Er die Welt nicht verachtet; sie nicht
haßt; nicht mit ihr spielt; nicht in olympischer Un-
berührtheit auf sie herabschaut, sondern daß Er sie
liebt.

Wenn Einer einen Andern liebt, so bedeutet das,
daß er dessen Leben mitlebt, in Schenken und Empfangen mit ihm verbunden ist. Danach müssen wir
die Ernsthaftigkeit des Gedankens, daß Gott uns
liebt, bemessen. Er empfindet nicht nur ein fernes,
unbeteiligtes Wohlwollen, sondern — ja Er liebt uns
eben, in der ganzen Tragweite des Wortes. Das ist
in Christus deutlich geworden. Es tritt aus Christi

Reden hervor; aus der ganzen Art, wie Er sich um seine Menschenbrüder bemühte. Die letzte Ernsthaftigkeit des göttlichen Liebeswillens aber wird daraus deutlich, daß Er für uns starb.

Hier, in Christus, kommt etwas von jenseits unserer Welt her. Der Mensch gewordene Gott erhebt sich unter uns und sagt zu jedem, zu mir: „Ich will, daß du aus der Verlorenheit herauskommst. Ich will dein Heil." Das zu vernehmen, das trotz des Einspruches aus allem, was um uns her und in uns ist, für möglich zu halten und sich darauf zu verlassen — das ist die christliche Hoffnung.

Nehmen wir das nicht zu einfach. Gewiß ist Gott der Allmächtige; und wenn einmal erkannt und zugelassen ist, daß Gott uns liebt, so auch, daß seiner Liebe alles möglich sein muß. Aber wir dürfen aus Gottes Erlösungswerk kein Spiel machen. Etwas furchtbar Ernstes ist da vollbracht worden. Das Wort der Offenbarung sagt uns, daß der Mensch verloren war, wirklich verloren, und kein Weg in das Heil führte. Das war so, vor Gott. „Erlösung" aber bedeutet nicht, daß Gott mit einer Handbewegung die Unmöglichkeit wegwischt; mit leichtem Spiel möglich macht, was vom Menschen her nicht sein kann — sondern daß Er, Mensch werdend, in diese Unmöglichkeitsverstrickung hineingeht und sie gleichsam von innen her aufarbeitet. Die Unmöglichkeit vom Menschen her steht gleichsam auf und wehrt sich gegen Gottes Erlösungswillen. Das zeigt sich in der Weise, wie der Erlöser aufgenommen

wurde. Es war doch so, wie Johannes sagt, daß Er
als das himmlische Licht kam, fähig, alles hell zu
machen, aber eine dichte Finsternis sich zusammen-
schloß und Ihn nicht einließ! Die Verhärtung der in
sich selbst verschlossenen Verlorenheit stellte sich
wie eine Mauer gegen seine gewaltig herdringende
erlösende Liebe und ließ sie nicht durch. So unbe-
wegbar war die Härte dieses Widerstandes, daß die
Erlösung durch Jesu Tod hindurch geschehen mußte.
Sein erlösender Wille blieb, menschlich gesprochen,
während seines Lebens ohnmächtig. Er zerbrach am
Widerstand der Herzen. Wohl ist gerade dieses Zerbrechen das, was erlöst. Das Zeichen des Unterganges
ges wird zum Zeichen der Auferstehung. Aber die
Liebe des Erlösers, sein Licht, sein heiliges Leben
muß eben doch hindurch durch das Dunkel. Erst
jenseits des Todes, in der Auferstehung strahlt der
Sieg auf und leuchtet von dort her wieder in die
Weltfinsternis hinein.

Begreifen wir diese Bedeutung des Todes Christi?
Daß Er „sterben mußte, um in seine Herrlichkeit
einzugehen"? Sehen wir darin den göttlichen Ernst
der Verlorenheit des Menschen? Die ganze Hoff-
nungslosigkeit seines Zustandes tritt uns entgegen,
wenn der Herr nach dem Gespräch mit dem reichen
Jüngling zu den Seinen sagt, keiner, der am Besitz
hängt, könne ins Himmelreich eingehen; Ihn die
Jünger dann fragen, wer da noch gerettet werden
könne, und Jesus sie anblickt und erwidert: „Bei
den Menschen ist es unmöglich. Aber bei Gott ist

alles möglich!" .. „Jesus blickt sie an" — das ist,
wie wenn ein Todkranker fragt: „Kann ich gesund
werden?" und der Arzt ihn in der Hoffnungslosig-
keit des Wissens anschaut. Nur daß hier mehr ist als
ein Arzt!

Die christliche Hoffnung stützt sich auf die her-
gewendete Liebe Gottes, für deren Allmacht „alles
möglich ist"; aber sie trägt auch das Wissen um jene
„Unmöglichkeit bei den Menschen", um jenen Einspruch von der Welt und vom Dasein her in sich.
Christliche Hoffnung fühlt, daß vom Geschaffenen
her alles gegen sie steht; für sie nur Gottes Liebe,
welche selbst nur im Glauben sicher ist — und
spricht von da aus ihr Trotzdem. Christliche Hoffnung ist von Wesen „gegen die Hoffnung".

Deshalb aber, weil sie ihren Grund nicht in der
Welt findet, sondern im Glauben; weil sie von vorn-
herein den ganzen Einspruch der Welt sieht, und
sich trotz seiner behauptet, kann sie auch durch
nichts widerlegt werden, was aus der Welt kommt.
Sie hat etwas Unbedingtes in sich. Etwas, das „die
Welt überwindet" — wie der Glaube.

Wenn an einem Felshang, der im Sommer glüht
und im Winter erstarrt, über den der Sturm fegt
und nichts stehen läßt, was nicht von Stein ist —
wenn da in irgendeiner Ritze ein Samenkorn Wurzel getrieben hätte, und ein winziges Pflänzchen
wüchse hervor: mit welchem Gefühl rührender Un-

möglichkeit würden wir das zarte Leben betrachten,
dem alle Gewalten feind sind! Aber steht es denn
mit uns anders? Als wir getauft wurden, fiel von
jenseits der Welt her ein Samenkorn in unser Inne-
res und treibt da nun. Aber die Welt will ihm nicht
wohl! Sie ist ihm Fels und Sonnenglut und Winter-
frost und verwüstender Sturm. Wie die Dinge der
Welt gehen, in der Natur, in der Geschichte, im
Staate, in der Gesellschaft, im Verkehr der Menschen miteinander — wahrlich, sie sind nicht so, daß
jenes himmlische Leben geschützt und seines Wachstums sicher wäre! Im Gegenteil; alles spricht dafür,
daß es verdorren und erfrieren und zerrissen werden muß. Hoffnung aber ist die Zuversicht, daß
dieses zarte Leben „die Welt überwinden wird",
weil es von Dem kommt, der „die Welt überwun-
den hat".

Aber was reden wir von der Welt draußen?
„Welt" ist vor allem, was wir selbst sind: die Lei-
denschaften in uns, und die Trägheit, und die ganze
innere Unordnung. Das alles steht gegen jenes zarte
Leben, verderblicher als Sonnenbrand und Frost
und Sturm. Sehen wir doch hin, wie ein Tag vergeht; was da geschieht und nicht geschieht; was an
uns kommt, was wir tun, was wir vernachlässigen
— wie viel in alledem ist denn so, daß es jenes heilige Leben hütete, trüge, nährte, voranführte? Hoffnung aber bedeutet das Bewußtsein, daß dieses von
allem, was ringsherum, und noch mehr von dem,

was in ihm selbst ist, so tief gefährdete Leben dennoch bestehen und sich erfüllen wird.

Hoffnung ist immer wider die Hoffnung!

Wenn wir Abend für Abend auf den Tag zurückschauen, und er immer wieder mit einem Minus endet; eine Zeitlang die Zuversicht den Mißerfolg überschwingt und auf das nächste Mal rechnet, dann aber allmählich das Gefühl, die trostlose Frage durchdringt: Wo bleibt eigentlich das Erlöstsein, von dem der Glaube redet? Ich bin doch Christ; in mir soll die Gnade sein, und der neue Mensch werden: wo bleibt das alles? .. Wenn das Leben vergeht; die Möglichkeiten zerrinnen und nicht wiederkommen; der Mensch sich einrichtet, und resigniert, und das Leben sich verhärtet; wenn sich verzweifelnd die Angst erhebt: wo bleibt das Neuwerden, von dem der Glaube spricht? — dann ist es Zeit, zu erfassen, was Hoffnung bedeutet, die immer gegen die Hoffnung geht: Daß das himmlische Leben in uns ist, auch wenn wir es nicht fühlen. Daß es wächst, durch alle Vergeblichkeit hindurch, von Gott her; wir aber festhalten, die Geduld bewahren und immer neu beginnen müssen. Daß all das Versagen und Sich-Verhärten und Zerstört-Werden kein bloßer Schein ist, sondern bittere Wahrheit, der fruchtbar-mächtige Einspruch der Weltwirklichkeit gegen die Erlösung — und dennoch jenes innere Leben voranwächst, weil es aus dem Himmel kommt, und darum die Welt überwindet.

Auch hier wird der Wirklichkeit der Zoll bezahlt.
Die Ernsthaftigkeit des Bösen und der Verfallenheit
wird anerkannt. Auch der Mensch muß in das Dunkel, welches das Leben des erlösten Menschen ebenso
unmöglich zu machen scheint, wie das Werk des Erlösers. Auch hier muß geglaubt werden. Der Sieg
kann nicht innerweltlich erwiesen, die Erlösung kann
nicht schon hier in ihrer Vollendung geschaut werden. Die Erfüllung steht jenseits des Todes. Aber es
ist eine Zuversicht da, die uns hindurchträgt, und
das ist die Hoffnung.

In den letzten Sätzen sind uns die Worte Glaube
und Hoffnung durcheinander gegangen, und mit
Recht. Sie meinen nicht das Gleiche, aber ein ein-
ziges Leben liegt dem Verschiedenen zugrunde. Glauben nannten wir es als Bewußtsein von der Wirklichkeit Gottes in Christus und als Treue zu Ihm. Es
ist aber auch Bewußtsein von Sieg und Vollendung,
obwohl eine so furchtbare Übermacht dagegen zu
stehen scheint; Zuversicht des Heils trotz des Un-
möglichkeitseinspruches von der Welt her — und so
heißt es Hoffnung.

# DIE MANNIGFALTIGKEIT
## DER GLAUBENSGESTALTEN

Von verschiedenen Gesichtspunkten her haben wir nun schon an das heranzukommen versucht, was Glaube ist. Wir haben davon gehandelt, wie der Glaube entsteht; was sein Inhalt ist, und wie er davon seine Bestimmung empfängt; welche Krisen er im Laufe seiner Entwicklung durchmacht; endlich, wie das Glauben zum Tun steht, zum Lieben, zur Hoffnung. Stets zeigte sich uns ein lebendiger Zusammenhang, und wo immer wir ein Einzelmoment erfaßt hatten, lag uns das Ganze in der Hand. So wurde durch jede besondere Frage deutlicher, was Glauben überhaupt heißt.

Nun fragen wir weiter: Geschieht das Glauben überall in der gleichen Art? Gewiß ist Glaube immer Glaube und insofern überall derselbe — benimmt er sich aber auch immer in der gleichen Weise? Oder gibt es — bei aller Selbigkeit des Wesens — verschiedene Gestalten des gläubigen Daseins?

Damit meinen wir nicht die Frage, ob es verschiedene religiöse Überzeugungen, verschieden geartete Religionen gebe. Die liegen vor Augen und könnten uns zu der weiteren Frage veranlassen, wie sie sich zum christlichen Glauben verhalten. Aber damit haben wir uns hier nicht zu beschäftigen. Die Mannigfaltigkeit, die uns hier angeht, liegt innerhalb der christlichen Gläubigkeit selbst: Ob nämlich der Glaube an die eine Offenbarung Gottes in Christus, gelebt in der einen, jene Offenbarung hütenden und deutenden Kirche, selbst in verschiedenen Formen erscheint?

Das Problem ist schon für sich, um der Erkenntnis willen bedeutsam; aber auch das glaubende Dasein selbst hat Anlaß, sich darüber klar zu werden, ob es in verschiedenen Formen besteht. Wenn das nämlich der Fall ist, dann gibt es die Gefahr, daß das Glaubensleben eines bestimmten Menschen, statt sich kräftig in der eigenen Gestalt zu entwickeln, unter die Herrschaft einer fremden kommt; und es gibt die Aufgabe und das Recht, der eigenen Gestalt inne zu werden und sich mit Zuversicht in sie zu stellen.

Da zeigt uns denn schon der erste aufmerksame Blick auf die Menschen um uns oder in der Geschichte, in welcher Mannigfaltigkeit der Gläubigkeitsgestalten die Einheit des gleichen Glaubens lebt.

So treffen wir etwa jenen Menschen, der mit seinem ganzen Dasein im Herzen wurzelt.

Er mag denken, rechnen, handeln — die letzte Entscheidung darüber, wohin sich sein Leben wendet, fällt vom Herzen her. Das will Raum für seine Bewegung. Es will sich hingeben und Hingabe empfangen. Will den Wert der Dinge, die Kostbarkeit des Seins fühlen und besitzen. Es will lieben und Liebe finden. Die Entscheidung in der Frage, was im Letzten wahr, richtig, wirklich sei, fällt unter den Maßstab: Wo ist Raum für die größte Liebe? Dieses Menschenwesen sucht nach dem Gegenstand, der seiner ganzen Liebe würdig sei, und auf den es seine volle Liebe richten könne. Ja mehr: Da die Liebe nichts ist, was fertig bereitsteht und nur seinen Gegenstand sucht, sondern überhaupt erst am Gegenstand und auf ihn hin wird, so sucht dieser Mensch danach, wo er zur Fülle seiner Liebe erwachen könne. Glaube aber bedeutet ihm, erkannt zu haben, daß dieses an der Welt nicht möglich ist, und die eigentliche Weite für die Bewegung des Herzens, der letzte Gegenstand für die Liebe und ihr volles Wachgerufensein in Christus liegt.

Diese Gläubigkeit hat ihren besonderen Charakter. Viele Dinge scheinen ihr ohne weiteres möglich, mit denen eine andere Glaubensart kaum fertig wird. Wenn die Unbegreiflichkeit der Frage über sie kommt, wie der Gott der Ewigkeit Zeit und Endliches habe erschaffen; wie Er das vergehende Menschengeschöpf auf dem Weltstäubchen Erde habe lieben und göttliche Geschichte an es knüpfen können; wie es gar möglich sein solle, daß Gott Mensch wird, es bleibt in alle Ewigkeit, und sich für den Menschen hingibt — dann hat diese Glaubensart eine heilig-erfüllende Antwort: „Die Liebe tut solche Dinge." Darin enthüllt sich ihr ein letztes Was und Warum. Wiederum aber erwachsen ihr Schwierigkeiten, über die eine andere Glaubensart kaum oder doch nicht mit letzter Beteiligung nachdenkt: Etwa wie es möglich sein könne, daß nicht alles Eins sei? Daß nicht aller Unterschied verschlungen werde in die eine Liebe, und alles Getrenntsein in die eine Erfüllung? Wie soviel Ungerechtigkeit sein könne, soviel Leid, soviel verkümmertes und vergewaltigtes Leben, soviel Sünde, Härte und Herzlosigkeit?

Im Letzten heißen die Maßstäbe dieses Glaubens: Möglich ist, was sein kann von der Liebe her; wahr, was glaubwürdig von der Liebe her; gut, was der Liebe Raum und Wachstum gibt. Und ihre eigentliche Bedeutung bekommen sie daraus, daß der Liebende Gott ist, und die Liebe seine heilige Großmut und unendliche Macht hat. Hier öffnet sich der Horizont und vollzieht sich jene Umwertung der von der Welt geltenden Schätzungen und Urteile, die zum Wesen christlichen Daseins gehören.

Eine andere Glaubensgestalt ist die jenes Menschen, dessen Persönlichkeit zuletzt im Suchen nach der Wahrheit gründet.

Seine Frage lautet: Was sind die Dinge? Was ist das Sein? Woher kommt es? Wie ist es geordnet? Wo liegt sein Ziel? Die Wahrheit bedeutet ihm keine bloße Verstandessache, sondern das Element des Daseins selbst; die Klarheit, ohne welche der Geist sich verirrt; die Luft, in der er atmet; die Substanz, von der er sich nährt.

Der Geist sucht nach der Wahrheit, weil er in ihr allein leben kann. Ungelöstes Dastehen der Dinge bedrängt ihn. Unklarheit des Warum und Wozu macht ihn leiden und verstört ihn. Erst wenn die Sinn-Mitte des Seins, das Ziel der Daseinsbewegung deutlich werden, kann er wirklich bestehen. Die „Wahrheit", nach der er sucht, ist keine bloße Rich-

tigkeit des Sachverhaltes, die überall angetroffen
werden kann, sondern die Fülle antwortgebender
Wesenhaftigkeit; das letzte Was und Warum; das
Wohin des Warum und der Ordnung. Und nun wird
er inne, daß jenes Erleuchtende und Große, jenes
Letzt-Erfüllende, jenes Ruhegebende, worin der
Geist zur Sättigung gelangt, nicht in der Welt selbst
liegt, sondern aus der Offenbarung hervortritt. Und
nicht deshalb, weil die Welt-Wahrheit noch nicht
hoch genug, oder umfassend genug wäre, sondern
weil das Herz einer anderen Art Wahrheit bedarf,
der heiligen Wahrheit des Lebendigen Gottes, die
aus keiner Welt kommen kann, und wäre sie auch
tausendmal größer und tiefer und reiner als die unsere. Das zu erkennen und anzuerkennen, heißt
Glauben. Glauben bedeutet also für diesen Menschen, in das Reich jener letzten Wahrheit eingetre-
ten zu sein, die in Christus aus Gott kommt; Berüh-
rung mit ihren heiligen Wesenheiten, Ursachen und
Zielen gefunden zu haben; innegeworden zu sein,
daß hier Gott das Licht ist.

Dieser Glaube benimmt sich anders als jener, von
dem wir soeben sprachen. Von anderswoher kommen seine Krisen: So, wenn Einsichten innerwelt-
licher Forschung sich gegen das Wort der Offenbarung zu wenden scheinen; oder wenn es ist, als ob
eine These des Glaubens die Vernunft sprenge. Und
von anderer Art ist sein Friede: Wenn ihm aus dem
Geheimnis des Glaubens der heilige Sinn aufstrahlt
und deutlich wird, daß in dessen Hut irdisches Sein

und Wesen erst seine eigentliche Bestimmung erhält.

Es gibt Menschen, deren tiefster Drang aus dem Ethischen entspringt, richtiger: aus dem Willen zum Guten. Sie wollen das Böse überwinden. Wollen über ihre Unzulänglichkeit, über das Wilde, Häßliche, Unreine im eigenen Innern hinauswachsen. Sie wollen echt und edel werden. Sie hungern und dürsten nach der Gerechtigkeit.

Oder so: Sie haben das Verlangen, neue Menschen zu werden und ebendarin erst recht eigentlich sie selbst. In ihrem Innersten lebt, zuweilen von ihnen selbst nicht recht verstanden und daher auf seltsame Wege gedrängt, der Wille, umzuwerden, neuzuwerden; der Wille nach Überwindung und Verwandlung.

Dieser Drang stößt überall auf Grenzen; spürt das Widersprechende und Querstehende draußen wie drinnen; erfährt die eigene Ohnmacht — bis ihm klar wird, daß das Bild und die Kraft des ersehnten gerechten Daseins, die Möglichkeit des Neuwerdens, die zeugende und umschaffende Macht von anderswoher kommen müssen. Das eigentlich und wesenhaft Gute enthüllt sich ihnen in Christus, der die leibhaftige Offenbarung des heiligen Gotteswillens ist, und aus göttlicher Gnade möglich macht, was unmöglich ist bei den Menschen. In der Begegnung mit Ihm erwacht der Glaube. Gläubig-sein ist das Leben in Christi Nachfolge; unter den von Ihm gegebenen Weisungen, Ordnungen, Vorbildern und Namen. Gläubig-sein ist das Leben in den Zusammenhängen der von Ihm gebrachten zeugenden, schaffenden, umwandelnden Gottesmacht und in der Hoffnung auf ihre Frucht.

Das tiefste Anliegen anderer Menschen ist die Ordnung. Sie sehen das Dasein von Wirrnis und Widerspruch zerrissen; von unbotmäßigen, widervernünftigen Mächten bedroht; sehnen sich nach Frieden, Ordnung und Einheit.

Für sie bedeutet Glaube, in Gott die heiligordnende Gewalt, den allgerechten, weisen und mächtigen Herrn alles Seins anzuerkennen und Ihm die eigene Freiheit zu verpflichten. Glaube ist die Haltung, die jener ordnenden Gewalt Raum gibt: dem ewig gültigen Gottesgesetz; der höchsten, durch nichts in Zweifel zu setzenden Autorität; der Erscheinung untrüglicher Wahrheit in der Geschichte; damit der Möglichkeit eines klaren Entweder-Oder und deutlicher, in Gottes Willen begründeter Verhältnisse. Und mit einer für anders Geartete oft unverständlichen Freude, ja Inbrunst umfaßt dieser Glaube die gesetzgebenden Mächte des christlichen Daseins.

Eine andere Gestalt der Gläubigkeit findet sich besonders in Menschen, die sich schwerer als andere ausdrücken können. Sie erfahren besonders tief die Dünne und Kargheit des Daseins. Was man Wirklichkeit nennt, scheint ihnen gar nicht richtig wirklich zu sein, sondern etwas Schattenhaftes an sich zu haben. Woher das nun kommen mag: ob aus man-

gelnder Lebenskraft, aus einer Müdigkeit des Blutes
und des Herzens, oder woher immer — jedenfalls
wissen sie um etwas, das der kräftiger Lebende leicht
übersieht: um die Fragwürdigkeit des Seins als sol-
chem; um die Schemenhaftigkeit des Lebens. So
sehnen sie sich nach etwas, was ihnen die Fülle der
Lebenserfahrung geben kann. Nach dem, was nicht
mehr dünn, matt, halb ist, sondern mächtig, den
ganzen Durst zu stillen. Sie wollen zu einer Wirklichkeit gelangen, die nichts von Schein an sich hat,
um selbst an ihr richtig wirklich zu werden. Ihr Weg
ist oft lang. Erst meinen sie vielleicht, das Gesuchte
in der Leidenschaft, im Rausch des Genusses, im
Drang des Schaffens, in der Spannung des Kampfes
zu finden — bis sie merken, daß alles das die eigentliche Hohlheit nur überspringt. Diese sitzt innerhalb
von alledem und kann durch etwas aus der Welt
nicht ausgefüllt werden. Da wird ihnen deutlich,
daß Gott Jener sein muß, der diese Wunde heilen
kann. Er, der Wesenhaft-Wirkliche, kann aus dem
Schein herausheben. Er kann machen, daß das nur
halb lebende endliche Wesen des eigentlichen Lebens
innewird; der Bruch sich schließt; die Fülle ein-
strömt.

Glauben heißt da in den Bereich der eigentlichen
Wirklichkeit und des wahren Lebens eintreten, von
der Hoffnung getragen, sie werde allmählich innewerden. „Realisation" war für Newman Ein und
Alles. Glauben heißt, überzeugt sein, da zu stehen,
wo „Realisation" verheißen ist.

Sehr verschiedene Gestalten also — und noch andere könnte man nennen. In ihnen allen lebt der eine Glaube; Ausgangspunkt und führende Kraft aber sind verschieden. Verschieden sind infolgedessen auch die besonderen, wahlverwandten Inhalte innerhalb des einen umfassenden Glaubensgegenstandes. Denn die sich offenbarende Gotteswirklichkeit ist Ein und Alles; voll und erfüllend. Aber dem einzelnen Glaubenden mit seiner besonderen Veranlagung ist nicht alles in ihr gleich nahe und zugänglich. Manches ist sozusagen von Wesen vertraut; Ausdruck der *„christianitas naturalis"* dieses besonderen Menschen. Bei der Entstehung des Glaubens wird es zuerst überzeugen und nachher das eigentlich Tragende sein. Anderes ist fremd, schwer zu verstehen und anzunehmen; so werden an ihm zuerst Krisen und Zweifel entstehen und besondere Überwindung notwendig werden. In alledem macht sich die besondere Artung des Einzelnen geltend; bestimmt die besonderen Schwierigkeiten und stellt auch die besonderen helfenden Kräfte zur Verfügung.

Diese Glaubensstrukturen werden nie rein erscheinen, denn es handelt sich ja immer um konkrete Menschen, nicht um ideale Bilder, und so wird jeder Mensch verschiedene von ihnen, vielleicht alle in sich befassen. Aber in unterschiedlicher Stärke und Bedeutung, und eine wird die Dominante seiner besonderen Glaubenshaltung bilden. Also wird jeder gut tun, sich auf sein eigenes, gottgegebenes Wesen, als

auf die Grundlage seines Daseins und den ihm zuge-
wiesenen Weg zu Gott zu stellen, und sich nicht von
fremdem Wesen Bild und Maß aufzwingen zu
lassen.

Eines aber ist all diesen Glaubensgestalten ge-
meinsam: Das Gute, das bejaht wird; die Wahrheit,
die da leuchtet; die Liebe, die möglich wird; die
Ordnung, die das Chaos bändigt; die Wirklichkeit,
welche Erfüllung verheißt — ihrer aller Letztes ist
nicht von dieser Welt. Es kommt von anderswoher,
von Gott. So gehört zu jedem Glaubensbild das
Verlangen nach dem, was mehr ist als diese Welt,
nach dem Heiligen, und die Bereitschaft anzubeten
— aber verschieden ist der Weg, auf dem es hin-
strebt, und die besondere Gestalt, in der es sich
zeigt.

Als Leitfaden, um die Mannigfaltigkeit der Glaubensgestalten zu entwickeln, haben wir den Gedanken der „Struktur" gewählt; die Vorherrschaft
jeweils verschiedener Seelenkräfte und ihnen zu-
geordneter Werte. Man könnte diesen Leitfaden
auch von anderswoher nehmen.

So unterscheidet sich der Glaube der Frau von
jenem des Mannes. Die Menschengestalt, für welche
der Schwerpunkt im Gegenständlichen liegt; im
Werk, in der Aufgabe, im Gegner, im Ziel, oder
wie immer man das ausdrücken mag, wird eine besondere Glaubenshaltung entwickeln — anders als
jene, die im unmittelbaren Leben selbst wurzelt, im
Sein, im Werden, im Empfangen und Gebären, im

Hüten, Nähren, Mitleben und Umfassen, in Tiefe, Strom und Gleichnis . . Anders wird die Glaubensgestalt Dessen sein, der erzieht, belehrt, heilt, hilft, dient — und Dessen, der kämpft, erobert, herrscht . . Die verschiedene volkliche Eigenart wird sich in der Art des Glaubens geltend machen — so sehr, daß der Angehörige des einen Volkes die Gläubigkeit und Frömmigkeit des anderen leicht als fremd empfindet; als sonderbar und widerwärtig, gar als unfromm und unchristlich. Ebenso die verschiedenen Zeiten mit ihrer Eigenart. Die verschiedenen sozialen Schichten; Bildungsformen, Berufe . . Verschieden ist die Glaubenshaltung des Priesters, bei dem das Religiöse selbst Inhalt des Berufes ist, von jener des Laien, der auf die Welt gerichtet lebt, von dort her in eine besonders geartete Auseinandersetzung mit dem Religiösen kommt, besondere Seiten daran erfaßt und auswirkt . .

Auf einen Unterschied, der mir besonders wichtig erscheint, möchte ich noch hinweisen: den zwischen der Glaubensgestalt der Fülle und jener der Leere.

Mit der ersten ist die Gläubigkeit von Menschen gemeint, welche die Inhalte des Glaubens unmittelbar und lebendig empfinden. Und zwar nicht deshalb, weil sie besonders fromm oder vertieft wären — das wäre nicht Sache einer „Struktur", sondern gläubigen Ernstes — sondern weil sie überhaupt die Gabe haben, das, was an sie kommt, lebendig zu empfinden. Die Dinge, die Ideen, die Ereignisse sprechen zu ihnen. So geschieht es ihnen auch mit dem Glauben. Was sie glauben, fühlen sie. Die Person Christi, das Besondere seiner Lehre, die Möglichkeiten ewigen Schicksals rührt sie an, erschüttert, erschreckt, tröstet, erfreut sie. Ihr Glaubensleben kann verschieden entwickelt sein: einfach oder reich entfaltet, tief oder oberflächlich, hochstehend oder grob — immer aber hat es das Besondere, daß die christliche Wirklichkeit in ihm unmittelbar spricht, berührt, bestimmt.

Anders die Haltung der Leere. Auch hier sind Gegenstände, aber sie lassen kühl. Werte werden erkannt, aber nicht unmittelbar empfunden. Ziele treten hervor, Entscheidungen fallen, der Wille macht sich auf den Weg, arbeitet, kämpft, strebt — alles aber ohne ursprüngliches Ergriffensein. Es wird deutlich, daß sich Schicksal vollzieht, aber der Sinn bleibt unberührt. Es wird gewußt, aufgefaßt, gewählt, gehandelt, aber aus Vorsatz, Zucht, Überwindung heraus. Das letzte Innere bleibt unbewegt. Der Raum erscheint leer. Die Wirklichkeiten haben keine Wucht. Die Wahrheiten sind nur wie Namen.

Zuerst ist man versucht, jene erste Haltung allein für Glaube anzusehen, diese hingegen für Gleichgültigkeit, Müdigkeit, Kälte, Schwäche oder was immer. Das wäre aber nicht nur oberflächlich, sondern falsch. Beides ist Glaube, nur von verschiedener Haltung. Jener ist von der Kraft seelischen Erfahrens getragen. Daraus hat er seine Wärme, Nähe und Fülle; ebendaraus kann er aber auch phan-

tastisch werden, genießerisch, unernst, unrein. Die
andere Haltung steht in einer Leere; doch in dieser
Leere wird ein Sinnpunkt aufgefaßt, und der trägt.
Im Innern ist es kühl; aber die Kühle ist tapfer.
Was geschieht, geschieht aus Wille und Überwin-
dung, und das hat große Reinheit. So kann aus der
Mühsal dieser Haltung etwas sehr Echtes und Ed-
les erwachsen.

Die Unterscheidung ist wichtig, denn es scheint,
als ob gerade heute die zweite Grundhaltung häu-
figer werde. Vielleicht kommen wir aus dem Glauben des Reichtums in den der Armut. Die religiöse
Kunst, die neuen Kirchen deuten das an. Nicht
Neuerungssucht oder Mangel an Mitteln macht sie
so schlicht, sondern in ihnen offenbart sich etwas
von der inneren Glaubenshaltung der Zeit. Wo die
Räume leer und die Wände kahl scheinen, redet in
Wahrheit ein Glaube, der in der „Leere", im un-
verstellten Raum und in den offenen Flächen den
feinen Sinnpunkt, die an keine Fülle der Einzel-
heiten sich verlierende reine Gegenwärtigkeit auf-
faßt; der ohne Stütze zu stehen und ohne Hilfs-
mittel zu überwinden vermag. Eine Gläubigkeit
dringt durch, die nach der reichen Ausfaltung der
Symbole, Bilder und Formen, wie sie in den vergangenen Jahrhunderten vor sich gegangen ist, nun
wieder mehr zur Vereinfachung, zum Ursprünglichen und Einbegreifenden strebt. Die Vielheit wird
ihr fremd. Sie steht ratlos, wenn über alles Mög-
liche gewußt und angeordnet wird. Sie sehnt sich

nach dem armen und einfachen Dasein und seiner Redlichkeit. Solange daraus keine besondere „Religion" wird und keine Unduldsamkeit gegen andere Art, ist sie schön und hat ihre notwendige christliche Aufgabe.

Wenn wir das alles bedenken, gelangen wir zu einer sehr wichtigen Einsicht: Es gibt eine Fülle von Glaubensgestalten, die mit dem zusammenhängen, was Art und Begabung heißt; der besonderen Struktur also, wie sie in der Veranlagung eines Menschen, eines Standes, eines Volkes, einer Zeit liegt. Sie bilden gleichsam das besondere Feld, auf welchem der Glaube lebt. Sie bestimmen die besondere Form seiner Entfaltung; die dem betreffenden Menschen eigenen Hilfen und Schwierigkeiten und die gerade ihm gestellten Aufgaben. In ihnen drückt sich, möchte man sagen, der Beruf im Glauben aus. Was aber „Glaube" in seinem tiefsten Kern ausmacht und von dem geschrieben ist, daß „wer glaubt, gerechtfertigt, wer aber nicht glaubt, verworfen wird", muß von alledem verschieden sein. Es kann nur darin bestehen, daß der Kern des Menschen, sein nacktes Selbst, das „Herz seines Herzens", von Gott gerufen ist, jenseits aller Strukturen, und zu diesem Ruf Ja gesagt hat. Das Letzte des Glaubens ist keine Struktur: Es ist Gehorsam und Treue.

Das führt zu einer weiteren Folgerung: die Begabungen der Menschen sind verschieden; verschieden die Art und das Maß ihrer Kräfte. Unter diesen Begabungen gibt es aber auch die „religiöse"; d. h. jene Anlage, die mitten in der Sichtbarkeit vom Unsichtbaren, mitten im Endlichen und Vergänglichen vom Ewigen berührt wird. Die nicht auf die „Wahrheit", auf das „Gute und Rechte", auf „Schönheit", auf „Ordnung und Maß" anspricht und wie immer die „profanen" Werte heißen mögen, sondern auf das „Heilige" — das Wort im natürlichen Sinne genommen, so wie die Religionswissenschaft es gebraucht. Wenn aber auf jene Werte, dann als Träger dieses Heiligen: als heilige Wahrheit, Schönheit und Ordnung. Ihr Grundaffekt ist jene besondere Ehrfurcht, Verehrung und Teilhabe, die „Frömmigkeit" heißt. Das ist zunächst eine Struktur, wie andere auch. Sie hat ihre besonderen Bestimmungen: Höhe und Tiefe; Breite und Intensität, Mannigfaltigkeit und Einfachheit. In ihr gibt es den besonders Begabten, den Schöpferischen, das Genie; gibt den Durchschnittlichen und Konventionellen; gibt den Unbegabten und Unempfindlichen. In ihr gibt es Ursprünglichkeit und Angelerntheit. Reinheit und Unsauberkeit, Echtheit und Schein; gibt Manier, Routine — und wie alle die Weisen echter oder falscher Wertverwirklichung heißen mögen. Nun aber: Wie steht das alles zu dem, was Christus den Glauben nennt? Was über Heil oder Verlorenheit entscheidet?

Diese Frage ist von größter Bedeutung. Unsere Zeit sieht immer schärfer die strukturellen Bedingtheiten des Daseins; erkennt die Psychologie des Religiösen, seine Soziologie, und was immer noch. Wenn also Glaube und religiöse Veranlagung das Nämliche wären, dann gäbe es von der Anlage Glaubende und von der Anlage Nicht-Glaubende! Unsere Zeit denkt vielfach so — damit würde aber aus Christus und seiner Botschaft an die Menschen eine Begabungsangelegenheit Einzelner! Nein; der Glaube von dem Christus redet, hat in seinem Eigentlichen mit Begabung nichts zu tun. Dieses Eigentliche liegt jenseits alles Psychologischen und geht vom Letzten des Menschen zu Gott. Seinen Äußerungen, Akten und Verhaltungsweisen nach verläuft es in Strukturen, wie sie durch die besondere Veranlagung des betreffenden Menschen gegeben sind; jenes aber, das von Gott angerufen wird, und worin die Entscheidung fällt, liegt anderswo. Man denkt, es müsse wohl so etwas geben, wie den „Leib" des Glaubens und seine „Seele". Der Leib des Glaubens ist verschieden je nach den Begabungen, nach Ländern und Zeiten und menschlichen Umständen; seine Seele aber — vielleicht setzen wir es noch tiefer ins Innere: sein Seelen-Letztes muß überall von solchen Bestimmungen unabhängig sein. Da kann es um nichts mehr gehen — wir sagten es bereits — als um das nackte Gegenüber zwischen Menschen-Selbst und Gott. Dieses letzte Aug' im Auge muß das Eigentliche sein, durch alle Verschiedenheiten der Gestalten und Begabungen hindurch.

Was aber die religiöse Begabung angeht, so muß sie nicht zur „Seele", sondern zum „Leib" des Glaubens gehören. Es gibt den von religiöser Begabung getragenen Glauben. Er ist reich, schöpferisch, hat viele Hilfen, ist aber auch in besonderer Weise gefährdet. Denn die gleiche Begabung, die zum Glauben führen kann, kann ihn ja auch in Frage stellen. Kann unstet machen, religiös genußsüchtig, übersteigert und fanatisch. Der Mangel an religiöser Begabung seinerseits bildet ein Hindernis; es fehlt das, was beflügelt, trägt, aufwühlt, „Erlebnis" bringt. Dafür wird aber auch Glauben redlich, treu, selbstlos und gediegen. Ja, die Gottesentstammtheit des Glaubens zeigt sich gerade daran, daß er alles was unmittelbare Anlage und Umgebung heißt, auch religiöse, unter Kritik nimmt; ihre Fragwürdigkeiten deutlich macht, ihre Grenzen, Bindungen, Weltverfallenheit sehen lehrt, ihre manchmal sehr verborgenen Täuschungen enthüllt.

Und sollte es zutreffen, daß die religiöse Veranlagung bestimmte individuelle oder gesellschaftliche Voraussetzungen hat; daß unter gewissen kulturellen Einflüssen die religiöse Berührbarkeit abnimmt oder verschwindet; sollte es wirklich den Menschen geben, der von Veranlagung her des „Heiligen" gar nicht zu bedürfen scheint — dann müssen wir uns vergegenwärtigen, daß die letzte Entscheidung Gott gegenüber quer durch alles Begabt- und Veranlagtsein hindurchgeht; vielleicht von außen her gar nicht festzustellen; vielleicht nicht einmal dem Betreffenden selbst als solche und in ihrer christlichen Bedeutung ganz bewußt: vom nackten Menschen-Selbst zu Gott.

Dieses Letzte ist wohl selbst ein Zu-Glaubendes. Dieses Eigentliche, von aller Struktur Unabhängige, das Gott in Jedem und durch alle Veranlagungen hindurch ruft, und das Ihm durch alle Bedingungen und Verhältnisse hindurch antwortet — daß es das gibt, kann man selbst wiederum nur glauben und soll es. „Gott will, daß alle Menschen gerettet werden", auch die religiös wenig Begabten. Daß aber der Mensch, den es trifft, und dem so in religiöser Beziehung ein hartes und entsagungsvolles Leben zugeteilt ist, wenn er sich mit gutem Willen um den Glauben müht, auch wirklich, trotz aller Kälte und Mühseligkeit, vor Gott ein Glaubender ist, das kann er selbst wiederum nur glauben, hoffend glauben, und soll es.

# DAS WISSEN IM GLAUBEN

In Anselms von Canterbury tiefsinniger Schrift, „Proslogion", „Gottesanrede" genannt, steht der Satz: „Wer nicht erfährt, der erkennt nicht; wer aber nicht glaubt, der wird nicht erfahren." Dieser Satz stellt eine Art Reihe auf: Den Anfang bildet das Glauben. Der Glaube macht das Erfahren möglich. Aus der Erfahrung endlich entspringt die Erkenntnis. Der Satz könnte dazu verleiten, Kräfte und Vorgänge auseinanderzureißen, die in Wirklichkeit lebendig ineinander liegen; verstehen wir ihn aber richtig, so gibt er uns einen Leitfaden zu neuem Verständnis dessen, was Glauben heißt.

Er beginnt mit einem „Glauben", das noch nicht „erkennt". Der Mensch begegnet auf irgendeine Weise dem Wort, das Gott spricht und vertraut ihm. Nun bedeutet das ja, genau genommen, bereits „Erkenntnis". Ich muß wenigstens zur Überzeugung gelangt sein, daß hier, in Kirche und Unterricht, in der Gestalt der Gottesboten, in Jesus Christus nicht nur menschliche Weisheit redet, und sei sie noch so tief, sondern göttliche; daß hier nicht nur religöse Ergriffenheit waltet, sondern göttliche Sendung, ausdrückliches Kommen Gottes in die Zeit stattgefunden hat. Diese Erkenntnis ist aber im Sinne Anselms erst vorbereitend, und führt mich zu der Entscheidung, um die es vor allem geht: daß ich dem redenden Gott vertraue, auf seinen Anruf höre, in seinen Gehorsam trete, mich Ihm in Treue verbinde. Ich nehme entgegen, was Er mir sagt; nehme seine Selbstoffenbarung in mich auf. Hier, im Gehorsam gegen das Wort des redenden Gottes, liegt die Wurzel des Glaubens.

Dieser Glaube aber, sagt Anselm, „erkennt" noch nicht. Er versteht seinen Inhalt noch nicht. Natürlich erkennt er auch. In etwa muß er seinen Inhalt verstanden haben, denn erkennen, daß hier Gott redet, bedeutet ja doch erkennen, wer Gott ist und wer der Mensch vor Ihm. Dennoch: Im Mittelpunkt der Entscheidung, an der Wurzelstelle des Glaubens wird, auf das Wort des Sprechenden hin und als „bloßes" Glauben, das Geheimnis entgegengenommen, unbedingt, auf jede Möglichkeit hin und als Beginn neuen Daseins.

Dann beginnt das Entgegengenommene sich zu entfalten. Der Glaubende durchdringt den Inhalt dessen, was er glaubt; er sucht es in seinem Sinn und Zusammenhang zu verstehen, die Forderungen zu erkennen, die daraus kommen, und so allmählich aus dem einfachen Gehorsam zur inneren Erkenntnis des Offenbarten vorzuschreiten. Er strebt, wie die alte Theologie sagt, von der „*pistis*" zur „*gnosis*". Und zwar nicht mit natürlichem, welthaftem Verstande, sondern mit einer Erkenntniskraft, die selbst aus der offenbarenden Gnade stammt. Es ist das Auge des Glaubens selbst, das sich im Licht der Gnade heller erschließt und die sich offenbarende Wirklichkeit Gottes kräftiger durchdringt. Dieses Erkennen ist weiter nichts, als wachsender Glaube.

Der Weg aber, auf welchem sich dieses Wachstum

vollzieht, ist die „Erfahrung"; das konkrete Darangeraten, Erproben, Spüren, Zu-Kosten-Bekommen. Darin erst erschließt sich die in sich selbst verborgene, in ihre Knospe gehüllte Wahrheits- und Wertfülle des Glaubensinhaltes auf, tritt klar in den Geist und dringt lebendig ans Herz.

Dabei hört der Glaube nicht auf, Glaube zu sein. Nie wird aus dem Glauben Wissen im natürlichen Sinne. Auch keine höhere, auf einer höheren Stufe des Bewußtseins vollzogene Form des Wissens. Glauben bedeutet grundlegenderweise den Gehorsam des Menschen gegen den heilig-unbegreiflichen Gott; das Hörend-sein der endlichen Menschenwirklichkeit für die Wirklichkeit ihres Schöpfers und Herrn, durch dessen Selbstoffenbarung sie in ihrer Sünde und ihrem Nichts enthüllt wird. Diese Unvergleichbarkeit bleibt; so bleibt Glauben immer die gehorchende Annahme der unbegreiflichen und das eigene Menschensein richtenden Wirklichkeit Gottes. Dieser Gehorsam würde aufgehoben, wenn der Mensch dahin käme, die Gotteswirklichkeit grundsätzlich und begreifend zu erkennen, denn erkennen in diesem Sinne hieße haben und herrschen. Das Erkennen, um das es sich allein handeln kann, ruht selbst auf dem Gehorsam. Es entspringt aus jener die eigene Selbstherrlichkeit opfernden Annahme. Es vollzieht sich im beständigen Preisgeben des eigenen Selbst ins Gericht des Heiligen Gottes. Es ist ein Erkennen im Glauben, in der Seinsweise und im Gegenstandsraum des Glaubens, und er-

lischt, sobald der Glaube erlischt. Aber es ist echtes
Erkennen, lebendiges „Wissen", im reinen Sinne
innerlichen Gegenwärtighabens und Durchdringens.

Wir haben uns bereits gesagt, daß diese Dinge nicht
auseinanderliegen. Wenn Geist und Herz sich zum
Gehorsam des Glaubens bereit machen, dann deshalb, weil schon „Erkenntnis" aufgeleuchtet ist —
welche Erkenntnis selbst aus der Gnade, aus dem
Vorentwurf werdenden Glaubens stammt. Es gibt
kein Glauben ins Blinde. Und wieder ist's bereits
Erfahrung irgendwelcher Art, lebendig verspürter
„Erweis der Kraft", der glauben macht. Immer
trägt Eines das Andere. Denn was da erwacht und
sich entfaltet, ist ein Ganzes: das neue, glaubende
Dasein. Dennoch ist die Gliederung des heiligen
Anselm sehr bedeutsam. Sie zündet ein Licht an.

Von jener erkenntnisbringenden Erfahrung soll
nun die Rede sein. Nicht von ihrer ganzen Breite;
dazu müßte man schildern, was Menschenleben
heißt, sondern von dem und jenem aus ihrer reichen
Fülle.

Erfahrung vollzieht sich dadurch, daß der Glaubende mit den Inhalten des Glaubens, mit dessen
Wirklichkeiten, Gestalten, Ereignissen und Werten
lebt. Daß er mit ihnen umgeht, sie im Bewußtsein
hält, über sie nachdenkt, aus den verschiedensten
Zusammenhängen seines Lebens und Denkens heraus zu ihnen hingeht. Tut er so, dann schließen sie
sich allmählich auf, und er sieht, was in ihnen liegt.

Denn bei den Lehren des Glaubens handelt es sich ja nicht um Sätze der Wissenschaft. Sobald ich eingesehen habe, diese mathematische Größe verhält sich zu jener anderen so und so, dann liegt die Sache klar. Wenn ich weiß, dieser Stoff ergibt mit jenem zusammen die bestimmte Verbindung, dann ist das gewußt und fertig. Wenn zuverlässige geschichtliche Quellen mir sagen, damals habe Einer gelebt, dem das und das widerfahren sei, dann steht der Tatbestand fest. Hier aber geht es um Anderes. Hier handelt es sich um Wahrheiten, die „tief" sind. Und zwar ist's lebendige Tiefe, die sich erst langsam auseinanderfaltet. Nein, heilige Tiefe, die nur bei entsprechenden Anlässen herauskommt, weil sie bestimmte Erkenntnisse und Haltungen voraussetzt, um erfaßt zu werden — das aber heißt eben „Erfahrung". So sagt mir der Glaube, daß Gott den Menschen liebt. Das kann ich zunächst ganz schlicht nehmen, wie das Kind, wenn es überzeugt ist, der liebe Gott sei gut zu ihm. Was es aber in seiner Tiefe und in seinen Folgen heißt, wird mir nur langsam sichtbar. Dazu muß ich erst gemerkt haben, was „der Mensch" ist. Dieses Wesen, von Schönem und Schlimmem voll, aus Widersprüchen gebildet, sonderbar und klein und verzweifelt und wieder so groß, muß innerlich vor mich gekommen sein. Ich muß erlebt haben, was das Menschdasein ist, Begegnung und Schicksal. Freilich nicht aus natürlicher Menschenweisheit, sondern aus dem Glauben heraus, von ihm her blickend, urteilend und

handelnd. Dann erst kann ich etwas von der Tiefe
des Wortes ermessen, daß Gott den Menschen liebt.

So aber steht es mit allen Inhalten des Glaubens.
Ich muß mit ihnen leben. Ich muß das tägliche Dasein an sie herantragen. Muß mit ihnen, von ihnen
her, auf sie hin Schicksal durchmachen. Dann, allmählich, falten sie sich auseinander. Ihre Tiefe
kommt herauf; die inneren Zusammenhänge tun
sich auf; die Wahrheit wird sichtbar. Durch solche
Erfahrung wächst im Glauben das Wissen; heiliges,
gnadenhaftes Wissen.

Die Wahrheiten des Glaubens bedeuten keine
Sachverhalte, die bloß theoretisch erfaßt werden
könnten. Stünde es so, dann wäre die Aufgabe mit
bloßem Forschen und Lernen erschöpft. Sondern
Glauben bedeutet, daß der Mensch an Wirklichkeit gerät. Da wird er zum Handeln aufgefordert,
einem bestimmten Handeln; aus Gott her und auf
Ihn hin. Ihm werden Kräfte gegeben, um das Dasein zu bewältigen. Das alles, Forderungen, Antriebe, Kräfte versteht man erst, wenn man sie versucht.

Was eine Wanderkarte ist, sehe ich erst, wenn ich
mich mit ihr auf den Weg mache, und eins ums andere der Zeichen und Weisungen auf Sinn und Zu-
verlässigkeit erprobe. Was ein Schiff ist, wird mir
erst deutlich, wenn ich damit ausfahre und merke,
was es leistet; wie es mich über die Gefahr trägt;
welche Möglichkeiten der Bewegung und des Wi-

derstandes in ihm liegen. Soll ich also erkennen, was der Inhalt des Glaubens ist, dann muß ich ihn erproben. „Tuet, was Ich euch sage, und ihr werdet innewerden, daß es aus der Wahrheit ist!" Wenn mir etwa gesagt wird, alles, was geschieht, sei Vorsehung; über dem ganzen Leben des Menschen und über jeder Einzelheit darin sei Gottes Hand, dann bleibt das Wort tot, solange ich es nicht erprobe. Erst wenn ich mich entschließe, was immer geschieht, Gutes wie Schlimmes, so aufzufassen, daß es im Letzten von Gott her an mich kommt, merke ich, was das bedeutet. Das ist leicht zu sagen und schwer zu tun. Unsäglich schwer für den an der eigenen Ohnmacht verzweifelnden und doch mit sich selbst verschweißten Menschenwillen, der so träge und feige, so unbotmäßig und hochmütig ist. Aber erst wenn ich so tue, und im Maße ich es wirklich tue, entfaltet das Geglaubte seine Wahrheit. Erst wenn ich es daraufhin wage, daß ich einen Auftrag von Gott habe, und alles Geschehen mir den Stoff zur Erfüllung dieses Auftrages zubringt; wenn ich dieses Bewußtsein durch frohe und düstere Zeit, durch glückhaftes und mißratenes Geschehen hindurchtrage, werde ich inne, daß da eine richtunggebende und tragende Kraft ist — das aber ist die „Wahrheit", um die es sich hier handelt.

So hat sich Erfahrung vollzogen. Die Gedanken des Glaubens sind in den Stoff des Daseins eingesenkt, das Leben ist auf sie hin gewagt worden:

dabei ist offenbar geworden, was in ihnen lag, und der Glaube hat Erkenntnis gewonnen.

Ich glaube nicht an Ideen, sondern an Wirklichkeiten. Gott, an den ich glaube, ist nicht die Idee des höchsten Wertes oder heiliger Gerechtigkeit oder etwas Ähnliches, sondern Er ist wirklich. Mit „wirklich" aber ist das gemeint, was das Wort sagt. Der Boden ist wirklich, auf dem ich stehe. Die Wand ist es, gegen die ich stoße. Der Mensch, der mit mir in Kampf gerät. Die Geistesmacht, die mich umwirft oder erneuert. Gott ist wirklich — freilich anders wirklich, als alles das. Wirklich als der Selbstseiende und Heilige, vor dem unser Dasein als sündig und nichtig enthüllt wird; der Schöpfer und Herr .. Und Christus ist wirklich. Nicht etwa nur die Idee des gottgeeinten Menschen. Wäre Er nur das, dann wäre Er ohnmächtig. Aber Er ist der wirkliche Sohn Gottes, „gestern und heute und allezeit", lebendig und gegenwärtig .. Und wirklich ist, was von Christus her durch die Geschichte geht, in der Kirche, in der Seele. Nicht nur Gedanken oder Gesinnungen oder Erlebnisse, sondern das „Neugeborenwerden aus dem Heiligen Geiste" und „Heranwachsen zur Herrlichkeit der Kinder Gottes".

Glaube ist Wirklichkeitsverbundenheit. Kann es aber dann sein, daß ich den Inhalt dieses Glaubens in Treue festhalte; daß ich mich um ihn mühe, mein Leben an ihn herantrage, ohne daß die Wirklich-

keiten, um die es in ihm geht, sich mir bezeugen?
Dieser Gott liebt mich doch! Christus ist doch um
meinetwillen gekommen — kann es da sein, daß Er
sich nicht in meinem Innern zur Geltung bringe?
Lassen wir beiseite, wie das geschehen könne und
wie nicht — es ist aber doch unmöglich, daß ich
mich um Gott mühe nach seinem Willen, und Er,
der Liebende und Allmächtige, mir nicht ein Innewerden seiner heiligen Wirklichkeit schenkt — es
sei denn, seine Liebe wüßte, daß es für mich besser
ist, in der Mühsal des „bloßen Glaubens" auszu-
harren, oder seine Gerechtigkeit legte es mir um
meiner Sünden willen auf!

Auch das ist Erfahrung, und allertiefste: daß die
heiligen Wirklichkeiten eben Wirklichkeiten werden. Das meinte Kardinal Newman, wenn er von
der „Realisation" sprach: daß sie aus dem Zustand
des Gedachtseins, Gemeintseins, Gewolltseins, Fest-
gehaltenseins in den lebendiger Präsenz und Wirk-
lichkeitsdichte übergehen. Damit kann es lange
dauern; sehr lange. Es kann einem Menschen auf-
erlegt werden, Jahr um Jahr im Dienst des bloßen
Glaubens zu stehen, mühselig und fern. Einmal aber
kommt der Augenblick, da der Mensch nicht mehr
den Glauben tragen muß, sondern der Glaube selbst
es ist, der den Menschen trägt. Was im Neuen Testament steht, ist doch „zu unserer Belehrung" geschrieben. Wie anders aber ist die Weise, in der
jene Menschen glauben, als die mühselig ferne Art,
in der wir „fest für wahr halten", was gesagt und

vorgelegt ist! Jene Menschen leiden, werden ver-
folgt, kämpfen, versagen, werden vielleicht gar verworfen — aber sie sind von heiliger Wirklichkeit
angerührt, geschüttelt, erhoben oder zerschmettert.
Das ist auch für uns geschrieben.

Das also und noch anderes ist mit dem Wort gemeint, der Glaube solle durch Erfahrung in Erkenntnis vorschreiten. Es spricht von einer inneren
Geschichte, die sich begibt, wenn der Glaubende mit
dem lebt, was er glaubt. Aus seinem täglichen Dasein her begegnet er den Inhalten seines Glaubens;
so enthüllt sich ihm bald diese, bald jene Seite daran; die Zusammenhänge werden klarer; eine Tie-
fenschicht unter der anderen löst sich heraus. Er vollzieht das Geglaubte als Mahnung und Forderung
und wird so inne, was er will. Er wagt es auf das
Geglaubte; formt sein Leben davon her; macht es
zum Maßstab für sein Dasein — so merkt er, welche Kräfte darin liegen, wie es ihm Standort, Rück-
halt und Sicherheit gibt. Das zuerst als Lehre, Be-
richt, Vorstellung Entgegengenommene wandelt
seine Konsistenz, bekommt andere Dichte und anderes Gewicht: Es bezeugt sich als Wirklichkeit. Das
alles ist Menschenerfahrung; menschliches Dasein,
Tun und Erleben, Begegnung und Wagnis — wer
aber darin wirkt, ist Gott. Denn Glaube ist Gnade.
Gottes Licht entfaltet den Inhalt der Gläubigkeit
zur Erkenntnis. Gottes Führung bringt den Gehorsam der Gläubigkeit zur freudigen Besitznahme.
Gott selbst, der Heilig-Seiende, dringt im gehor-

sam Festgehaltenen und Gedachten zu lebendigem
Wirklichkeitsbewußtsein durch.

Ja es kann sein, daß dieses Erkennen im Glauben sogar jene besondere Form annimmt, die Bern-
hard von Clairvaux als *„cognitio Dei experimen-
talis"*, in unmittelbarer Erfahrung sich vollziehende
Gotteserkenntnis bezeichnet hat, und die ein sehr
unklarer Sprachgebrauch die mystische nennt.

Man hat gelehrte Untersuchungen darüber ange-
stellt, ob es die unmittelbare Gotteserfahrung gebe
oder nicht; ob sie außergewöhnlich sei oder zum
recht gegangenen Weg des Glaubens gehöre .. Andere haben aus der Mystik etwas Zweideutiges, der
Reinheit und dem Charakter des christlichen Glaubens Gefährliches gemacht .. Wieder andere etwas
psychologisch Interessantes, eine Sache der Literatur,
etwas Genießerisches, eine religiöse Spezialität oder
was sonst .. Über alledem ist die christliche Selbst-
verständlichkeit vergessen worden, die aus der
Schrift, aus dem Leben der Heiligen, aus dem Bewußtsein des gläubigen Volkes hervorleuchtet: Daß
Gott der Lebendige Gott ist, und in Christus der
Gott der Nähe. Daß wir „in Ihm uns bewegen und
Leben haben und sind". Daß Er die Liebe ist und
die Freiheit und die Gnade — und daß keine Macht
der Welt, keine Aufstellung der Wissenschaft und
keine Lehre eines Theologen Ihn aufhalten kann,
wenn es Ihm gefällt, die Seele zu berühren von Leben zu Leben. Glaube, der schlicht und großmütig

ernst machte; der von Gott die Sehnsucht nach der
Unmittelbarkeit der Liebe empfing und diese Sehnsucht nicht verkommen ließ, sondern unablässig um
ihre Erfüllung betete, wenn er auch noch so lang
darauf warten mußte; der sich nicht mit Vorläufig-
keiten abspeisen ließ, sondern demütig und mit der
Zuversicht der Gotteskindschaft auf dem Letzten
bestand — er ist wohl immer irgendwie in Jenes
eingemündet, das mit dem fragwürdigen Wort
„Mystik" bezeichnet wird, sobald man nicht vor-
zieht, es einfach den Glauben in seiner Fülle zu
nennen.

Und damit sind wir wieder bei dem, was schon
oft gesagt wurde und zum Schluß noch einmal ge-
gesagt werden soll: Immer bleibt der Glaube Glaube.
Er mag noch so weit in die Erkenntnis voran-
schreiten; eine noch so starke und reiche Erfahrung
mag den Menschen aus der *„pistis"* in die *„gnosis"*
führen — immer bleibt solche Erkenntnis Glau-
benserkenntnis. Niemals wird der Glaube von
einem unmittelbaren Wissen abgelöst. Immer bleibt
die Weise, wie wir dieser Wahrheit innewerden,
das Vermitteltsein durch Christus, das Offenbart-
sein durch Gott, die demütige und tapfere Geleh-
rigkeit des Hörens und Wagens.

# DER GLAUBE UND DIE KIRCHE

## I.

### DAS DOGMA

Wenn ein Mensch aus den ersten Jahrhunderten gefragt würde: Was bedeutet in Deinem Glauben die Kirche? — so würde er vielleicht antworten: Die Kirche ist die Mutter, die meinen Glauben geboren hat. Sie ist die Luft, in welcher er atmet, und der Boden, auf dem er steht. Die Kirche ist es eigentlich, welche glaubt. Sie glaubt in mir .. Wir Heutigen können die Frage wohl nicht in dieser Weise anfassen. Ein solches Denken können wir verstehen und wahr finden, aber wir müssen anders beginnen. Wir haben den abendländischen Vorgang der Individualisierung hinter uns, wodurch der Einzelne sich aus den unmittelbaren Gemeinschaftszusammenhängen herausgelöst und in sich selbst gestellt hat. Daß Vieles daran verhängnisvoll gewesen ist, wissen wir wohl. Wir sind uns bewußt, daß die Prägung, welche unser Denken von dorther erfahren hat, ihm wohl bestimmte Möglichkeiten der Wahrheit, aber auch des Irrtums gibt und bemühen uns, Abstand davon zu gewinnen. Dennoch müssen wir zunächst von dort ausgehen.

Wenn wir uns den Glauben in seinem ganzen Ernst zu Bewußtsein bringen wollen, dann denken wir unwillkürlich an jene Situation, wo der Einzelne mit seinem Gewissen vor der Frage steht: „Spricht hier Gott oder nicht? .. Soll ich hier glauben, oder darf ich meinem persönlichen Urteil folgen? .. Darf ich glaubend hinübergehen, oder soll ich in meiner eigenen Mitte bleiben?" Die Einsam-

keit der Gewissensentscheidung, worin die Verantwortung aufgenommen wird; das Wagnis, das die
Bewegung vollzieht; die Treue und Kraft, welche
die Entscheidung festhält — darin liegt der Ernst
des Glaubens. Der Einzelne weiß, er muß selbst für
sich einstehen. Niemand nimmt ihm die Entscheidung ab. Er selbst muß die Auseinandersetzung des
Glaubens mit dem eigenen Inneren, mit Leben und
Welt durchkämpfen; niemand tut es für ihn.

Das alles ist wahr, und kann bis zur neuzeit-
lichen Selbsteinsamkeit und Selbstherrlichkeit betont werden .. Dennoch müssen wir fragen: Du,
der so spricht — wo hast Du diesen Glauben her?
Hast Du ihn selbst hervorgebracht? Oder hast Du
ihn unmittelbar von Gott empfangen? Doch gewiß
nicht! Deine Eltern haben Dich erzogen. Lehrer haben Dich unterwiesen. Aus Büchern hast Du gelernt. Aus der Übung der Gemeinde, aus der Überlieferung in der Welt um Dich her hast Du empfangen. Und nicht nur Inhalte hast Du empfangen;
Lehren, die zunächst rein gegenständlich dagestan-
den hätten, und die in Glauben oder Nicht-Glau-
ben überzuführen Deine Sache gewesen wäre —
sondern Dein Glauben selbst, als Geistes- und Her-
zensleben, hat sich am Glauben der Anderen entzündet. Bloß gelehrte Lehre weckt im Hörenden
noch keinen Glauben, sondern nur die vom Leh-
renden selbst geglaubte. Erst die geliebte, lebend
vollzogene Wahrheit weckt Glauben. Am Glauben
Deiner Mutter, oder eines Lehrers, oder eines Freun-

des, oder sonst eines Menschen in Deiner Nähe, ist
der Deine erwacht. Erst hast Du, ohne es zu wissen,
ihren Glauben mitgelebt; darin hat sich der Deine
geregt, ist erstarkt und hat schließlich die Kraft gefunden, sich auf eigene Füße zu stellen. So, wie eine
Kerze an der Flamme einer anderen angezündet
wird — so entfacht sich Glauben an Glauben.

Gewiß ist es Gott, der den Glauben wirkt. Er
zieht das Herz; Er berührt den Geist; Er gibt dem
gehörten Wort, der begegnenden Gestalt, dem gesehenen Bild jene heilige Keimkraft, welche das
neue Leben erzeugt. Gott ist's, der den Einzelnen
ruft — aber Er ruft ihn als Menschen, eingewoben
in die Zusammenhänge, in denen er notwendig lebt.
Der Mensch ist dem Menschen Weg zu Gott; den
herausgenommenen Einzelnen gibt es nicht. So lebendig sind jene Zusammenhänge, daß wir sehen
können, wie in unserem Glauben die Haltung
derer, an denen er erwacht ist, weiterlebt: Die Weise,
wie unser Lehrer die göttlichen Gedanken gedacht;
die Art, wie unser Freund die heiligen Gestalten
gesehen hat; die Motive, die im Schicksal jenes uns
so nahestehenden Menschen bedeutungsvoll geworden sind; die Ergriffenheit, mit welcher die Familie
das heilige Ereignis eines Festes erlebt hat; der tiefe,
seiner heiligen Größe unbewußte Ernst, mit dem
die Mutter betete, und die Überwindungskraft, die
ihr aus ihrem Gottvertrauen gekommen ist — bis
zu Feinheiten der Vorliebe, der Fremdheit, der Ab-
neigung, wie sie die Atmosphäre der Kinderzeit

bestimmte; bis zu besonderen Gewohnheiten der Umgebung, eigentümlichen Ortsüberlieferungen . .

Gott ist es, der den Glauben wirkt. Von Ihm her erwacht er im gerufenen Herzen. Auch in der erloschensten Umgebung kann Gott aus einem Herzen die Flamme aufbrennen machen. An einem verwehten Wort, an einem Nichts kann sie sich von Ihm her entzünden. „Aus Steinen kann Gott dem Abraham Kinder erwecken" — und im Grunde tut Er es auch immer; denn was sind Menschenherz und Menschenwort für das Erwachen des Gotteslebens? Dennoch geht die Gnade den Weg der menschlichen Dinge überhaupt. Unser Glauben erwacht am Glauben Jener, von denen wir Dasein, Lehre und Bildung empfangen haben. Die Glaubenserfahrung und -überwindung unserer Familie und Umgebung, ihre Kraft und ihre Form leben in uns weiter.

Für sich stehendes Einzelglauben gibt es nicht. Wir brauchen uns nur einen Augenblick vorzustellen, was geschähe, wenn rings um uns her auf einmal aller Glaube erlöschen würde. Nicht, wenn man dem Glauben feind würde; Feindseligkeit ist schon Zusammenhang. Sie kann entzünden, ja zu höchstem Einsatz anspornen — nein, wenn man gleichgültig würde; wirklich gleichgültig. Wären wir in einer solchen Umgebung gläubig geworden? Und würden wir es bleiben? Gott vermag alles, aber nach menschlicher Erfahrung wäre das Glaubensleben in uns nie erwacht — und wenn erwacht, dann würde es erfrieren, wie ein zartes Pflänzchen auf einem Gletscher.

Unser individueller Glaube lebt aus dem Glaubenszusammenhang, der uns umgibt und der aus der Gegenwart in die Vergangenheit zurückgeht — das aber ist schon Kirche.

„Kirche" ist das „Wir" im Glauben; der Zusammenhang, die Gemeinschaft der Glaubenden. Kirche ist das glaubende Gesamt. Nicht nur das christliche Gebet ist angewiesen, „Wir" zu sprechen, sondern auch der Glaube. Auch er steht im Wir, ja im Gesamt. Das echte Wir ist mehr als nur die Summe der Einzelnen; es ist eine aus ihnen allen hervorgehende Bewegung. Das echte Gesamt, die Ganzheit ist mehr als nur die Organisation der Vielen; sie ist lebendige Großgestalt, worin der Einzelne Glied ist. Hundert Menschen, die als *„Ekklesia"* vor Gott stehen, bedeuten mehr als die Zusammenfügung dieser Anzahl von Einzelnen; sie sind lebendige, glaubende Gemeinde — doch nicht nur „Gemeinde", das könnte noch subjektiv klingen, wie etwas, was dem Gemeinschaftsbedürfnis der Einzelnen entspränge; sondern der Ursprung dessen, was da ist, sein Bestehen und seine Geltung sind dem Gemeinschaftsbedürfnis der Einzelnen entzogen. Es kommt anderswoher; besteht und gilt anderswoher: es ist „Kirche".[8]

Kirche ist die Stiftung Christi in die Geschichte,

[8] Siehe dazu Guardini, Vom Sinn der Kirche, vierte Auflage, Mainz 1955.

in die Menschheit hinein. Was darin erfaßt wird, sind nicht die „Vielen", selbst nicht die „Alle", das sind sämtlich noch Zahlbegriffe; sondern das Menschengeschlecht als solches, das Menschengesamt. Das ist in heiliges Dasein gerufen und wiedergeboren worden, damals, am Pfingstfest. Dieses christliche Gesamt ist etwas Wesenhaftes und würde bestehen, auch wenn der Zahl nach nur drei Menschen zu ihm gehörten. Und es ist nicht aus dem Willen und Denken der Menschen erwachsen — ebensowenig wie das Dasein des christlichen Einzelnen — sondern aus Gottes Beschluß, aus heiliger Stiftung und Schöpfung durch den Willen Christi.

Kirche ist von Christus gesetzt; Trägerin seines Wortes; dem Einzelnen mit Autorität entgegentretend. „Wer die Kirche nicht hört, sei euch wie ein Heide oder öffentlicher Sünder." Sie ist für den Einzelnen Raum seines christlichen Lebens, in dem wir „nicht mehr Fremde, sondern Hausgenossen sind". Sie ist der Chor, in dem der Einzelne steht; das glaubende, kämpfende, opfernde, feiernde Gesamt. Sie ist die Einheit des heiligen Lebens, an welcher er Teil hat, Leib — und vorher Schoß, mütterlicher Grund.

In ihr hat die erlösende Gottesmacht den Wurzelgrund des Seins erfaßt. Die neue Schöpfung hat in ihr zu sein begonnen. Neuer Himmel und neue Erde; „neue Natur" möchten wir sagen, und nun erst wirklich Natur, von der Gnade her möglich geworden.

Die Kirche ist Christi Braut, und des glaubenden Einzelnen heilige Mutter. Im Wort der Verkündung und im Brunnen der Taufe tut der Schoß sich auf, und es vollzieht sich die Wiedergeburt aus Gott. Ihr, nicht dem individuellen Dasein, gehören die „wirkenden Zeichen" an, die Sakramente; ihr die heiligen Gestalten und Ordnungen des neuen Daseins, in welche der Einzelne „hineingeht".

Diese Kirche selbst glaubt. Glaubend lebt sie. Von eigener Art ist das Glauben der Kirche. Umfassend, vielfältig in sich, und doch in Einheit; voll von Spannungen, hinterbaut von Hintergründen, und doch ein Ganzes. Aus anderer Wurzel, in anderen geistigen und seelischen Gestalten sich verwirklichend, als das des Einzelnen. Von einer eigenen Tiefe und Größe, und eigenen Krisen ausgesetzt. Darüber können wir hier nicht weiter handeln.

In diesem Glaubensleben der Kirche steht der Einzelne, und das in verschiedener Weise.

Die Kirche ist Ursprung, aus welchem das individuelle Leben kommt, Boden, auf dem es steht; Atmosphäre, in der es atmet — und da sind wir doch wieder bei jener Antwort angelangt, die wir zu Beginn unserer Betrachtung hörten und noch nicht zulassen konnten. Die Kirche ist ein lebendig webendes Ganzes, das den Einzelnen durchwirkt. Er lebt aus ihr und braucht gar nicht besonders darum zu wissen .. „Kirche" kann aber auch vom Einzelnen zurücktreten, sich verfassen und sich ihm als Trägerin heiliger Hoheit gegenüberstellen. Das tut sie, wenn sie lehrt, unterscheidet, richtet, befiehlt.

Der Kirche, nicht dem Einzelnen ist das neue christliche Dasein anvertraut; die göttliche Lehre, das Mysterium Christi und die heilige Ordnung — so wie ihr die zeugende, schaffende Kraft der Glaubensfortpflanzung eingegeben ist.

Als Schoß, als tragender Grund, als Atmosphäre wirkt sie. Gewiß Gott durch sie; aber durch sie, im Unterschied vom Einzelnen! Durch sie wirkt Er dem Einzelnen Glaubensinhalt und Kraft ein . . Als Verfaßte und Entgegentretende, als Lehrerin und Richterin urteilt sie. Wiederum: Gott durch sie; aber durch sie, im Unterschied zum Einzelnen, und sei es der Begabteste und Geistesstärkste. Durch sie lehrt Gott und richtet Er über den Glauben des Einzelnen nach dem Worte: „Wer die Kirche nicht hört, sei euch wie ein Heide oder öffentlicher Sünder."

Diese doppelte Bedeutung der Kirche: Daß sie im glaubenden Einzelnen lebt, und dieser in ihr — und wieder, daß sie lehrend und weisend vor ihm steht — tritt besonders scharf im Dogma hervor.

Die Kirche glaubt, und dabei geht es ihr zuerst, wie es dem geht, der lebt, ohne sich weiter darüber Rechenschaft zu geben. Er handelt, ohne es besonders zu wissen. Begegnet er aber einem Widerspruch oder einer Gefahr, dann wird er sich dessen bewußt, was er tut, und die Haltung ändert sich; sie wird kritisch und verantwortlich. So auch hier: Die Kirche

glaubt und ist sich gar nicht besonders dessen bewußt, was alles im Glaubensinhalt beschlossen liegt.
Sie lebt in der Glaubenswelt, einfachhin, wie ein
Volk in der Welt der Dinge. Sie steht im Glau-
bensgeschehen, einfachhin, wie ein Volk im Fortgang seines natürlichen Daseins. Da wird, vielleicht
im Zusammentreffen mit einer Zeitströmung, oder
durch Krisen im religiösen Denken Einzelner und
bestimmter Gruppen, irgendetwas in Frage gestellt:
Etwa wie die Gnade sich zum menschlichen Eigen-
vermögen verhält, oder worin das Eigentliche des
Eucharistiegeheimnisses besteht. Dann tut sie, was
jedes gefährdete Leben tut: Sie zieht sich in sich
selbst zurück; schafft Abstand; unterscheidet sich.
Sie wird sich bewußt, worum es geht, und sondert
den wahren Sinn ihrer Glaubensüberzeugung vom
falschen. Das kann so geschehen, daß die Lehre klarer herausgearbeitet und im feierlichen Bekenntnis
verfaßt wird, wie es in den Glaubensbekenntnissen
der Fall war, die ja vor allem bei der Aufnahme der
Neubekehrten, bei der Taufe gesprochen wurden.
Aber auch so, daß in einem besonderen Punkt mit
begrifflicher Schärfe Wahrheit und Irrtum unter-
schieden wird, und dann haben wir das Dogma im
eigentlichen Sinn: Die „lex credendi"; das Gesetz
des Glaubens.

„Dogma" bedeutet, daß der Glaube der Kirche in
scharfe Bewußtheit tritt. Daß er sich gegen eine
falsche Anschauung unterscheidet und sich ebendarin
seines eigentlichen Sinnes versichert. Dogma ist also

nichts anderes als die glaubende Kirche selbst — in dem Augenblick, wo sie ihr Glaubensleben mit äußerster Klarheit und Schärfe schützt, und dem Einzelnen gegenüber das „Gesetz des Glaubens" aufstellt.

Die Absicht der Dogmen geht immer auf das nämliche: Das Geheimnis in der Offenbarung unversehrt zu halten; das, was vom heilig-unbegreiflichen Gott, dem der Welt gegenüber unabhängigen Herrn der Wahrheit kommt und darum dem bloßen Menschengeist unfaßbar ist. Und nicht nur unfaßbar ist, sondern ihn aus seiner Selbstsicherheit hebt und ins Unrecht setzt. Hier liegt der kritische Punkt der Offenbarung; das, wogegen der Mensch sich auflehnt. Aller Glaubensirrtum richtet sich im Grunde gegen das Geheimnis. Stets sucht er, in irgendeinem Sinne und von irgendeinem Punkte her, es aufzulösen. Das wird nicht gleich deutlich. Irrlehren werden immer von religiös lebendigen Menschen getragen; Gleichgültige bringen keine Irrlehren hervor. Es sind Menschen, die Gutes wollen. Sie sehen Tieferes; heben Vernachlässigtes hervor; treten gegen eine Verarmung des christlichen Lebens oder einen Mißstand auf; sind ernst und begeistert. So empfinden wir oft Sympathie für sie — ebenso wie wir leicht der Autorität grollen, die ihnen entgegentritt, zumal ihre Vertreter oft nicht die wertvollsten Persönlichkeiten sind und es bei ihrem Kampf gegen den Irrtum —

nicht umsonst hat das Wort „Orthodoxie" einen so peinlichen Nebenton — selten ohne Menschlichkeiten schlimmer Art abgeht. Dennoch ist es so, wie wir sagten, und die letzte Konsequenz der Irrlehre, auch der mit den besten Absichten auftretenden und mit den edelsten menschlichen Qualitäten begabten, läuft immer auf eine Zerstörung des heiligen Geheimnisses und damit auf eine Vernichtung des Glaubens hinaus.

Offenbarung bedeutet, daß Gott in das Menschliche spricht; das muß über Menschensinn gehen. Diese Übersteigerung begründet aber das Heil des Menschen, und es hängt daran, daß das Geheimnis gewahrt bleibe. Die Irrlehren gehen immer von etwas Besonderem aus: einer bestimmten Idee, einer Haltung, einer Struktur, einer Zeitströmung. Und mögen dabei noch so Tiefes herausgeholt, noch so saubere Kritik geleistet, noch so wackere Antriebe gegeben werden — am Ende, wenn die Gedanken und die praktischen Ansätze durchgeführt sind, zeigt sich, daß das geheimnisvolle Gefüge der Glaubenswahrheit aufgelöst ist.

Dagegen erhebt sich das Dogma. Man sagt oft, Dogmen seien rationale Sätze; Verbegrifflichungen dessen, was Leben bleiben müsse. Wer so sagt, hat sie nicht verstanden. In ihnen sind wohl Begriffe und abstrakte Sätze; prüfen wir aber genauer, wie diese Sätze gebaut und die einzelnen Begriffe zueinander gefügt sind, dann sehen wir, daß sie sich um das Geheimnis stellen und es schützen. Das Dog-

ma ist ein scharfer, harter Ring, der die Quelle, die
Tiefe, das Lebendige hütet.

Das Dogma stellt sich dem Einzelnen gegenüber.
Hier kann jedes Entgegentreten der Kirche, von
dem wir sprachen, seine härteste Zuspitzung erfahren. Dann geht es auf ein Entweder—Oder: Ob
der Glaubende erkennt, daß hier wirklich die Kirche
spricht, und in ihr Christus, und wer sie hört, Ihn
hört; ob er versteht und annimmt, daß der glaubende Einzelne „sich verlieren muß, um sich zu
gewinnen" — oder aber das alles ablehnt. Dann
schnürt sich das individuelle Glauben von der Ge-
meinsamkeit ab; nicht nur von jener eines Kreises,
oder einer Gruppe, oder einer Bewegung, sondern
vom lebendigen Gesamt der Kirche. Dann wird es
zu wirklichem Einzelglauben im schlimmen Sinne
des Wortes, zur Häresie.

Erkennt aber der in der Entscheidung Stehende
die Prüfung; nimmt er das Entgegengehaltene an;
geht sein persönliches Meinen durch ein aufrichti-
ges, oft sehr schweres Opfer im Dogma unter, von
der Überzeugung geführt, daß darin durch seine
Kirche Christus selbst redet — dann dringt das
Dogma in ihn ein. Was erst entgegenstieß; und nicht
nur mit all der felsenhaften Härte, die der Kirche
eigen sein kann, wenn sie kämpft, sondern auch
umgeben von all den menschlichen Minderwertig-
keiten, der geistigen Enge, der Herrschsucht, der
Gewalttätigkeit, dem persönlichen Rechtbehalten

und Triumphieren, die bei solchen Gelegenheiten herauskommen — dieses Dogma wird ihm zu einem Wesensstück seines eigenen Daseins. Es wird ihm zum Raum, zur Ordnung, zur Kraft. Von nun an lebt er aus dem Dogma heraus auf die verschiedenen Inhalte des Daseins hin. Er hat das Dogma im Rücken, als Halt und Licht; er hat es unter sich als Boden; in sich als lebendige Gestalt, und tritt daraus her an die Welt heran.

Sehr demütigend kann der Zusammenstoß mit dem Dogma sein. Das individuelle Urteilen und Fühlen kann mit dem „Gesetz des Glaubens" und mit der menschlichen Weise, wie es hingestellt wird, in die tiefsten Konflikte kommen — aber es gibt wohl nicht leicht eine Erfahrung von so ruhiger und unerschütterbarer Kraft wie jene, in welcher der Glaubende sich das Dogma im Rücken fühlt, und von ihm her der Welt gegenübertritt.

Man hat oft den Unglauben mit seiner Unmittelbarkeit und schauenden Kraft, seiner kämpfenden und schaffenden Potenz zum Dogma in Widerspruch gestellt und diesem vorgeworfen, es erkälte und breche das christliche Leben. Das kann geschehen; ist auch schon geschehen, so daß der lebendige Glaube starb, oder aber kein Verhältnis mehr zum Dogmatischen fand und seine eigenen Wege ging. Darum ist für jeden, der es vertritt, die Verantwortung so groß. Aber die scharfe Scheidung und Entscheidung des Dogmas muß sein. Das geschichtliche Da-

sein der Kirche, das immer neu aus der Unmittelbarkeit in die Selbstverantwortung und ihre Bewußtheit führt, fordert es. Und auch das Leben des
Einzelnen fordert es; denn so schön die junge vor-
anlebende Unmittelbarkeit ist — einmal wird es
notwendig, standzuhalten, zu wählen, dazustehen.
Auch im Glauben gibt es das Reifwerden; den Charakter und die Mündigkeit. Recht verstanden und
recht gelebt, bedeutet das Dogma tatsächlich den
Charakter im Glauben. Beim Zusammentreffen mit
dem Dogma kann der lebendig-unmittelbare Glaube in eine Krise geraten; das ist dann eben nicht zu
vermeiden. Besteht er sie aber, nimmt er das Dogma
in sich auf, dann gewinnt er ein Entscheidungsbe-
wußtsein, ein Wissen um Verantwortung und Tragweite, das von unersetzbarer Bedeutung ist — und
braucht die Lebendigkeit nicht zu verlieren; ja sie
wird in der Auseinandersetzung mit ihrem Ernst
und ihrem Leid gewinnen.

So weitet sich der Glaube und reift, bis allmählich das Dogma derart in Dasein und Haltung eingeht, daß es — außer in besonderen Augenblicken
der Warnung und Forderung — als gar nicht mehr
besonders bewußte Richtung und Ordnung im glaubenden Dasein wirkt, welches selbst in einer sehr
hohen Freiheit vorangeht.

# DER GLAUBE UND DIE KIRCHE

## II.

### DAS SAKRAMENT

Wir haben uns gefragt, was die Kirche für das Glaubensleben bedeutet. Wir haben gesehen, wie das Glauben des Einzelnen mit dem der Anderen verbunden ist; wie sein Inhalt ihm immer von Anderen kommt, und daran die lebendige Eigenspannung erwacht. Nicht daß der Glaube aus Menschlichem stammte; Gott ist's, der ihn wirkt — aber Er wirkt ihn im Menschenwesen, und so ist der Mensch dem Menschen Weg zu Gott.

Ja, wir sahen, wie das Glauben des Einzelnen eingestaltet ist in das Glauben der Ganzheit. Diese, die Kirche selbst glaubt, und der Einzelne in ihr. Der Einzelne glaubt, und die Kirche glaubt durch ihn hindurch. Die Kirche steht nicht nur vor ihm, sondern auch in ihm; in den Wurzeln seines gottgeschenkten Lebens lebt sie, dort, wo das Ich und das Wir, das Selbst und das Gesamt in der gleichen lebendigen Substanz der Menschen bestehen.

Und wieder sprachen wir davon, wie das Glaubensbewußtsein der Kirche sich in Abwehr und Kampf zum Dogma verfaßt; wie dieses dem Einzelnen entgegentritt, um dann wieder, wenn er es aufgenommen, zur Grundlage für sein individuelles Glauben zu werden.

Nun fassen wir die Frage noch einmal von anderem Ausgangspunkt her an.

In den Briefen des Apostels Paulus finden wir das Glauben oft in nächste Nähe zur Taufe gerückt. Ja so nahe, daß beides geradezu in eins zu schmelzen scheint. Getauftsein und Glauben scheinen ineinander überzugehen. Oder das Getauftwerden erscheint als der Wurzelvorgang, dessen unmittelbare Auswirkung dann Glauben heißt.

Was bedeutet nun Getauftwerden?

Offenbar nicht nur die Eingliederung des Einzelnen in die Gemeinde, oder die Weihe seiner Zugehörigkeit zu dieser, oder die Übernahme einer Verantwortung für sie. Im Getauftwerden geht etwas ganz anders Tiefes vor sich: Ein Lebenskeim bildet sich. In den Menschen, der bereits aus einem innerweltlichen Ausgangspunkt her lebt, kommt von Gott her ein Keim neuen Aufbaues und neuer Wirksamkeit. Eine neue Existenz erwacht in ihm, mit eigenem Sinn, eigenem Gesetz und eigener Verwirklichungskraft. Ein wilder Obstbaum wächst aus seiner natürlichen Mitte. Sobald der Gärtner ihn veredelt, wird in seinen Bestand aus einem anderen Lebendigen her ein frisches Element des Wachstums eingesenkt, und der alte Baum trägt durch es neue Frucht. Die Frucht gehört dem alten Baum; aber dadurch, daß er aus anderem Leben neue Formkraft empfing. Das mag uns als Bild dienen für das, was in der Taufe geschieht; nur daß da alles ganz anders ins Wesen geht. Die Wurzel des Lebens selbst, die Mitte des Daseins wird da erfaßt und gleichsam in den göttlichen Schoß gezogen, um daraus in neuer Lebendigkeit hervorzugehen. In Christus geschieht das. In Ihm wird der Mensch wiedergeboren, durch den Heiligen Geist, zur Anteilnahme an Christi gottmenschlichem Le-

ben. Wenn von nun an der Mensch sich aufbaut und
wirkt, glaubend und liebend, dann ist wohl er es,
der da lebt; sein ganzes Menschenwesen steht in
seinen Daseinsäußerungen und drückt sich in ihnen
aus — was aber in alledem das vor Gott und ewig
Gültige wirkt, ist etwas Anderes, Eigentliches: der
neue Ursprung, das Leben Christi, der auferstan-
dene Christus in ihm. Und jetzt erst, da der Mensch
sich an Christus, der ihn gefordert, weggegeben hat
— jetzt erst wird er in Wahrheit er selbst, so wie
Gott ihn will.

Als was ist aber dieser Mensch aus der Wiedergeburt hervorgegangen? Nicht als abgesonderter
Einzelner, sondern als Glied eines Ganzen, der Kirche. Schon in der Welt sind die Menschen nicht los-
gelöste Sonderwesen und Einzelgänger, sondern
stehen im Zusammenhang. Und nicht nur dadurch,
daß einer zum Anderen kommt, Beziehungen
knüpft, Abhängigkeiten eingeht, sondern so, daß
durch all die Individuen hin ein Ganzes waltet, das
von sich ist und sie durchfaßt. Es gehört zum Menschenwesen, daß es in einer Gesamtlebendigkeit steht,
der Menschheit, sich gliedernd in Völker, Stämme,
Familien. Auch dieses Ganzheitliche im menschlichen
Dasein, das Menschengesamt als solches ist von der
Wiedergeburt erfaßt. Zu Pfingsten ist das geschehen,
als der heilige Geist in das Weltgeschehen einbrach,
und christliche Geschichte begann. Es geschieht immer neu, wenn ein Volk als Ganzes christlich an-
geredet wird, wie auch bei jedem glaubenden Tun

im Leben der Gemeinde. Und es geschieht stetsfort in der Wiedergeburt des Einzelnen selbst; denn jene Ganzheit ist ja in ihm; er selbst ist sie, sofern sein Sein ins Ganze gewendet ist. Das aus solcher Wiedergeburt erstehende Gesamtleben aber — das wohl danach strebt, wirklich alles Einzelne zu umfassen, an sich aber von der Zahl unabhängig ist, da „zwei oder drei, in Christi Namen versammelt", hinreichen, weil es dabei auf Wesensrichtung ankommt, nicht auf Zahl — ist das andere, dem Einzelnen gegenüberstehende Element des christlichen Daseins, die Kirche. In ihr ist das gleiche neue Bild: Christus; die nämliche neue Kraft: die Gnade; dieselbe Geistesmacht: der Heilige Geist. Und, so sehr Menschliches und Vielzumenschliches bleibt: es ist göttliches Leben, was in ihrem Dasein, in ihren Äußerungen und in ihrer Geschichte wirkt.[9]

Das in der Taufe begründete christliche Selbst bewegt sich im Glauben zu Dem hin, aus dem es stammt. Das tut es aber nicht als abgeschlossenes Einzelnes; sondern es nimmt die Anderen mit, nimmt das Ganze mit, auch wenn es nicht ausdrücklich darum weiß.

Der Einzelne trägt in seinem Glauben die Kirche; ihre aufstrebende Kraft, aber auch ihre Schwere. Mit dem, was sie ist, ist sie auch in seinem Glauben. Sie trägt ihn und belastet ihn. Ihr Leben speist ihn. Ihre Leere saugt an ihm. Ihre Weite spannt ihn aus;

---

[9] Auch hierzu: Guardini, Vom Sinn der Kirche, Mainz 1955.

ihre Mächtigkeit gibt ihm Tiefgang. Ihre Äußerlichkeit macht ihn versanden; ihre Kälte verhärtet ihn; und was an Gewalt, an Selbstsucht, an Härte, an Niedrigem in ihr ist, wirkt in den Glauben des Einzelnen hinüber, daß ihm manchmal zumute wird, als müsse er die Sache Gottes hindurchtragen nicht nur durch die Finsternis der Welt, sondern auch durch die der Kirche. Wohl gibt es den freien Aufschwung des Gemütes, im Geheimnis des Gegenüber mit Gott allein. Aber auch das steht nicht im Leeren. Wo seine Wurzeln liegen, liegen auch die Wurzeln der Kirche.

Das alles nicht zu sehen, ist keine Liebe oder Treue, sondern Oberflächlichkeit. Noch immer waren die Liebendsten und Treuesten Jene, die am tiefsten von der Not jener Wurzeleinheit wußten.

Paulus verwebt den Glauben mit der Taufe. Eine ähnliche Verwobenheit finden wir bei Johannes, nämlich des Glaubens mit der Eucharistie.

Im sechsten Kapitel seines Evangeliums, der Verheißung von Kapharnaum, redet der Herr vom „wahren Brot", das der Vater gibt, und das Er selbst ist. Es wird gegeben durch die Verkündung und aufgenommen durch das Hören. Glauben ist geistliches Essen; Aufnehmen des im Worte sich darbietenden göttlichen Lebens. Davon redet der Herr zuerst — dann aber, in einem bestimmten Augenblick, wandelt sich die Bedeutung des Wortes, und „Brot" ist nicht mehr der geistliche Gehalt der Botschaft, sondern die heilige Speise der Eucharistie. Und „Essen" ist nun nicht mehr das Glauben einfachhin, sondern der gläubige Vollzug des Sakramentes.

Glauben und eucharistisches Essen stehen hier bei Johannes in einem ähnlichen Zusammenhang, wie dort bei Paulus Glauben und Getauftwerden. Glauben und Essen sind gleichsam verschiedene Formen, verschiedene Verdichtungsgrade des gleichen Grundvorganges: der lebendigen Kommunikation des zugewendeten Menschen mit der wesenhaften Wahrheit, wie der Vater sie in Christus schenkt.

Schon die Gestalt des Mahles weist aber darauf hin, daß es nicht nur Sache des Einzelnen ist. Seinem ursprünglichen Sinne nach ist das Mahl ein Verbundenheitsgeschehen. Die Versammelten essen die Speise, und in der Speise sind sie Eins, dadurch, daß in ihr eine geheimnisvolle Macht waltet, die sie verbindet. So wurde in Zeiten, da die Sinnmacht der Grundgestalten menschlichen Daseins noch gegenwärtig war, das Mahl empfunden. Das war Vorahnung; ein Teil aus jener überall in der Schöpfung, im Wesen der Dinge und in den Bildern des Daseins liegenden Ur-Prophetie auf Christus hin, welcher der Logos ist. Hier, am Tisch des Herrn, erfüllt sie sich. Die gleiche heilige Speise essen Alle, und in ihr — von welcher das schöne Wort der „Lehre der zwölf Apostel" sagt, aus vielen Körnern sei das Brot in eine Einheit zusammengeholt worden, und aus vielen Beeren in eine Flut zusammengeronnen der Wein — in dieser Speise sind sie eins.

Denn der gleiche Christus, der jeden Einzelnen nährt, ist auch das Leben der Kirche. Er lebt durch die Vielen hin, nicht nur als Gestalt und Tiefst-Eigenes des Einzelnen, sondern auch als bauendes Bild und pulsende Kraft des Ganzen. Durch Ihn wird das Menschheitsgesamt zum christlichen, aus Gott lebenden Ganzen: „Leib Christi", Kirche. Sobald aber Einer die heilige Speise ißt, lebt in ihm „Kirche" auf; in ihm, und in dem zur Seite, und im Dritten und in Allen, „auf daß alle Eins seien" in Christus.

Ja Augustinus spricht den mächtigen Gedanken aus, nicht der Empfangende nehme Christus in sich auf, sondern Christus sei es, der den Empfangenden „esse", sich „einverleibe". Immer neu nimmt Christus, lebend in der Kirche, im Vollzug des Geheimnisses der Eucharistie den Einzelnen in die Gemeinschaft seines Lebens auf.

Glaube ist eine Kommunikation des Menschen mit Gott in Christus. Aber nicht das abgesonderte Einzelwesen ist es, das da mit Christus kommuniziert, sondern die Ganzheitsgestalt, in der die Einzelnen stehen, und im gleichen Christus alle in jener Ganzheitsgestalt verbundenen Einzelnen untereinander.

Ja das Verhältnis kehrt sich um, und der große Zusammenhang der Kirche ist es, der den Einzelnen erfaßt, und ihn auf seinem Wege zu Gott mitnimmt.

Hier offenbart sich das Gemeinschaftsmoment des Glaubens nach einer anderen Seite: der sakramentalen, des Mysteriums.

Glauben ist nicht nur Sache eines Aktes, eines Denkens und Wollens und Sich-Verhaltens, sondern im Letzten Sache des Seins. Richtiger gesagt: Glauben bedeutet, daß das geschaffene Sein auf Gott hin in Bewegung gerät. Jenen Vorgang, der, von Gott herkommend, das Sein des Menschen erfaßt, das Geschehnis der Wiedergeburt, das Durchströmtwerden von der göttlichen Liebe, vom göttlichen Leben, worin ein neues Dasein von Gnaden aus Gott her ersteht — ihn eignet der Wiedergeborene sich personhaft an, indem er glaubend zu Gott strebt. Das Glauben ist eine Bewegung, die immer neu aus dem Geheimnis der im Sakrament sich vollziehenden Seins-Umwandlung hervorgeht.

In diesem Geheimnis aber gibt es kein Sonderdasein. Gott erfaßt die Menschheit und den Einzelnen in ihr. Er erfaßt den Einzelnen, aber im Gesamt. Erfaßt das Ganze, die Kirche auf den Einzelnen hin; und wieder den Einzelnen, auf daß Kirche sei.

Gott sucht die Erlösten heim und holt sie zu sich zurück. Fast möchte man sagen, Er selber sei es, der in den Menschen glaube: In der Wiedergeburt schenke Er ihnen sein Leben zu selbsteigenem Dasein; im Glauben kehre der Christ Gewordene zu Gott zurück, aber Gottes Leben sei es, das ihn zieht.

Glauben ist ja eine „göttliche Tugend". Lassen wir dem Wort seinen mächtigen Sinn: Es ist eine Tugend Gottes. Jene heilige Tüchtigkeit, jenes hohe Tun, dessen Er allein fähig ist: sich selbst als wesende heilige Wahrheit zu erfassen. Diese Tugend übt Er auch durch die Menschen hin. Darin schenkt Er sie ihnen; „gießt sie ihnen ein". Nun sind sie es, die da glauben — aber Gott „glaubt" in ihnen.

Doch bescheiden wir uns. Lassen wir die hohen Gedanken und sagen schlicht: Gott wirkt jenes Geheimnis der Gemeinschaft mit Ihm, das auf Erden Glaube heißt. Einst, im ewigen Lichte wird es Schauen heißen.

Beides aber sind Worte und Bilder von Unaussagbarem, an dem Er uns Anteil geben wolle, jetzt, und in der Ewigkeit.

Ebenfalls erschienen bei

**topos** taschenbücher

Romano Guardini

# Von heiligen Zeichen

84 Seiten

Band 365
ISBN 978-3-8367-0365-9

www.toposplus.de

Ebenfalls erschienen bei

**topos** taschenbücher

Romano Guardini
## Das Gebet des Herrn

112 Seiten

Band 366
ISBN 978-3-7867-0366-6

www.toposplus.de

Ebenfalls erschienen bei

**topos** taschenbücher

Romano Guardini
## Die letzten Dinge

128 Seiten

Band 461
ISBN 978-3-8367-0461-8

www.toposplus.de